JULIEN DALLIÈRE

SA VIE, SES ŒUVRES

ŒUVRES COMPLÈTES DE JULIEN DALLIÈRE

Drames, poèmes et contes. — 3 volumes in-8°. Librairie académique Didier.

La Mission de Jeanne d'Arc. — Drame en vers en cinq actes, joué sur le théâtre de l'Ambigu. Édition conforme à la représentation, avec toutes les indications de la mise en scène, 1 vol. in-12. (Même librairie).

SOUS PRESSE

Études en Vers, par Elie Sorin, un vol. in-12.

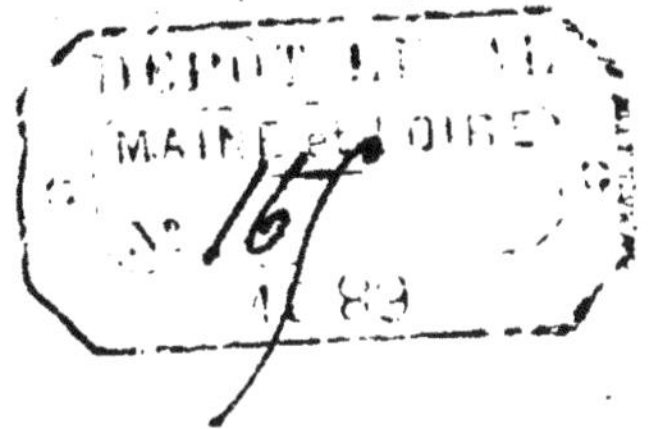

JULIEN DALLIÈRE

SA VIE, SES ŒUVRES

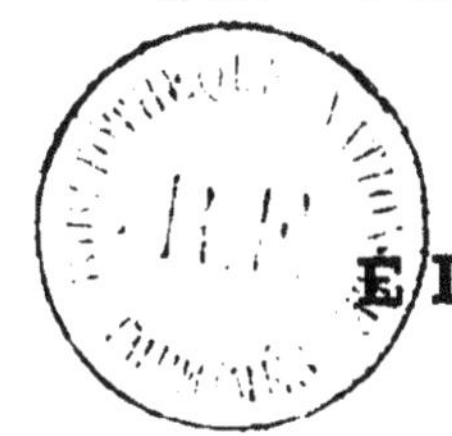

PAR

ÉLIE SORIN

AVEC UN PORTRAIT

Par GEFFROY (de la Comédie Française)

PARIS
LIBRAIRIE ACADÉMIQUE DIDIER
PERRIN ET Cie, LIBRAIRES-ÉDITEURS
35, QUAI DES GRANDS-AUGUSTINS, 35
1889

ANGERS. — IMPRIMERIE LACHÈSE ET DOLBEAU

A

MONSIEUR GEFFROY

ANCIEN SOCIÉTAIRE

DE LA

COMÉDIE FRANÇAISE

Élie SORIN.

Dans la séance solennelle de l'Académie Française, le 25 novembre 1886, M. Camille Doucet, secrétaire perpétuel, rendant compte des divers concours littéraires, s'exprimait ainsi :

« Avant tout l'intérêt des lettres veut que, dans sa jeunesse et dans sa force, le talent soit soutenu par des encouragements et consacré par des récompenses ; il veut aussi que, dans sa vieillesse respectable, on l'honore par des témoignages de souvenir, d'estime et de sympathie.

« L'Académie s'est placée à ce double point de vue, en décernant deux parts du *Prix Vitet*, ce grand prix d'excellence, dont elle reste libre de disposer comme bon lui semble, à des écrivains dont les titres littéraires diffèrent entre eux autant que le font leurs âges, que le font aussi leurs renommées.

« Le nom du premier (1), vous le connaissez tous, comme l'un de ceux que de charmantes œuvres ont

(1) M. Pierre Loti.

rendu le plus populaire, je ne dis pas dans vos anti chambres, mais dans vos salons, à coup sûr.

« Il n'en est pas de même du second ! Parmi vous, parmi ceux qui l'ont pu connaître, quand nous l'applaudissions, il y a près de cinquante ans, en est-il qui se souviennent encore de M. Julien Dallière, tant il a volontairement disparu dans la retraite et le silence ? Il vient d'en sortir en nous envoyant du fond de l'Anjou, le recueil complet de ses œuvres : tragédies, fables et poèmes, le tout en vers, en vers d'autrefois, qui n'en sont pas pour cela plus mauvais. Deux tragédies sur la *Mission* et sur la *Mort de Jeanne d'Arc* : une autre intitulée *Napoléon et Joséphine*, dont la destinée fut très honorable en 1848 ; la première de toutes enfin : *André Chénier*, qui, en 1843, obtint, sur le théâtre de l'Odéon, un succès éclatant, dont le souvenir rajeunit mon cœur.

« A côté de ses œuvres capitales, nous avons revu et relu avec plaisir, deux poèmes que l'Académie couronna successivement et que, deux fois de suite, leur auteur débita lui-même, au milieu des applaudissements, sous cette coupole qui, depuis, n'a plus entendu prononcer son nom.

« Pour le concours de poésie de 1855, le sujet proposé par l'Académie était : *les Restes de saint Augustin rapportés à Hippone*.

« M. Julien Dallière traita le sujet et le traita si bien que, le 26 août 1856, le *Prix de Poésie* lui était décerné par l'Académie.

« Deux ans après l'Académie couronnait de nouveau le même poète pour un autre poème sur la *Guerre d'Orient*.

« Aujourd'hui, quand sa modestie l'avait fait oublier de tout le monde, excepté de l'Académie, c'est encore à lui, c'est encore à M. Julien Dallière qu'est décerné comme un bon souvenir et comme une juste récompense, une part du *Prix Vitet.* »

C'est l'auteur applaudi de ces drames qui s'appellent *André Chénier*, *Napoléon et Joséphine*, *La Mission de Jeanne d'Arc* : c'est le poète qui remportait le *Prix de Poésie* au concours de l'Académie Française en 1856 et en 1858 ; c'est le poète qu'elle a couronné enfin, pour l'ensemble de ses œuvres, au terme de sa carrière, en 1886, dont je voudrais faire sortir la vie de cette obscurité presque volontaire, où il semble s'être complu à la maintenir.

Je parlerai de lui avec l'affection que je garde à un ami, à un maître ; à côté de l'écrivain, je m'efforcerai de faire connaître l'homme lui-même : ses qualités morales expliqueront la nature de son talent littéraire.

Élie Sorin.

CHAPITRE PREMIER

Premières années de Julien Dallière. — Briançon-Bauné. — La *Bible* et les *Fables de La Fontaine* — La poésie chez un sabotier. — Dallière au Collège royal d'Angers.

Julien Dallière naquit le 12 novembre 1812 au hameau de Briançon, attenant au village de Bauné, dans le département de Maine-et-Loire, entre Angers et La Flèche. Son père était sabotier et joignait à ce métier quelques petits trafics sur le bois de menuiserie ; sa mère s'occupait des soins du ménage : braves gens, dont le travail et la sévère économie constituèrent un premier capital, qui, sagement géré, devint plus tard, pour leur fils, une source d'aisance bien voisine de la richesse.

La maison du sabotier de Briançon porte aujourd'hui une plaque de marbre blanc qui rappelle que là est né *Julien Dallière* : c'est là aussi qu'est né son talent poétique des émotions ressenties au milieu d'une nature sauvage, parmi les bois, les landes, et surtout sous les bons exemples et les saines leçons qu'il reçut de ses parents.

Dans sa vieillesse, Julien Dallière s'est plu à revenir visiter ce logis d'enfance, à revoir et à décrire la chambrette où son imagination se laissait aller aux premières rêveries :

Là, par un seul carreau, j'aimais, dans la nuit brune
A suivre les rayons fugitifs de la lune
Qui reflète toujours, appliqué sur son sein
Le *fagot* d'un bonhomme expiant son larcin (1).
Je crois entendre encor, quand souffle la tempête
L'écho du Présillon dont la voix me répète.
Le bruit du vent, le cri lugubre des hiboux,
Et même quelquefois le hurlement des loups.
Je m'endormais, bercé par ces concerts funèbres
S'éloignant, s'approchant, et perçant mes ténèbres...
Au réveil, je jouais avec François Potier
Sous les yeux vigilants de sa sœur Isabelle.
François, qui de son père essayait le métier,
Rajustait, au moyen du plâtre et du mortier,
Des ruines, — débris d'une antique chapelle.
Et moi, déshérité du talent de maçon,
Des oiseaux gazouillant j'écoutais la chanson.

Il écoutait les oiseaux ; mais, ce qu'il entendait réellement, c'était la voix de cette chanteuse invisible, la poésie, qu'il devait connaître bientôt et qui l'appelait à elle.

La poésie parlait avec le vent, les arbres et les

(1) Légende angevine.

oiseaux, mais elle parlait aussi avec les livres : dans cette maison du sabotier, il y en avait deux seulement, — mais quels livres! les *Fables de la Fontaine* et une vieille *Bible* enluminée. épaves venues d'un monastère ruiné...

Ornement du logis, transmis par héritage,
Brillaient, rare trésor de l'ancien ermitage,
Deux volumes, dont l'un, précieux parchemin,
Était enluminé par une habile main.
Ma mère avec bonheur, quand j'avais été sage,
Pour me récompenser, m'en lisait un passage.
Avant de savoir lire, à force d'écouter,
Je commençais tout bas à me les réciter.
Du livre intitulé : *Fables de La Fontaine*,
Que j'épelais alors d'une voix incertaine,
Je revenais au riche manuscrit
Qui m'offrait par l'éclat de ses vives peintures
Pour attrait saisissant des premières lectures.
La Passion de Jésus-Christ.

Impressions ineffaçables de la première enfance : Julien Dallière deviendra un poète dramatique et lyrique ; ses inspirations d'école littéraire émaneront surtout de Racine et de Lamartine : mais, ses prédilections intimes le ramèneront toujours à La Fontaine, dont il gardera un écho dans ses contes. ingénieux et insouciants amusements de ses dernières années ; — à La Fontaine, dont il imitera, dans sa vie même, la bonhomie aimable et nonchalante.

La *Bible* lui donnera ce fond de croyances simples et inflexibles. qu'il ne s'avisa jamais de modifier par un système philosophique ou par une étude plus raisonnée de ses propres doctrines : foi de fils des campagnes, qui devait lui faire trouver toute simple cette miraculeuse légende de Jeanne d'Arc, qu'il a transportée sur la scène dans sa pureté mystique et dans sa naïveté populaire.

A force d'entendre lire et relire l'Évangile de la Passion, Julien Dallière en vint à le savoir par cœur, si bien qu'à l'âge de six ans, un Jeudi Saint, il s'avisa de faire concurrence au curé du village, et de prêcher aussi lui, à sa manière, le récit de la mort de Jésus-Christ.

On l'avait fait monter sur une table au milieu d'un auditoire venu des fermes d'alentour : l'enfant commença son récit timidement puis, peu à peu, il s'anima jusqu'à faire couler les larmes des assistants : quand le petit narrateur parla du coup de lance qui perça le flanc du Christ, il eut une telle intonation de pitié et d'indignation qu'on vit deux vieux soldats de l'Empire, les endurcis de l'auditoire, le garde Chédane et le mamelouck Cousin, tous deux décorés par Napoléon, tortiller leur moustache d'une façon particulière, comme devait faire Clovis, quand il s'écriait, en entendant aussi lui, prêcher la Passion : « Que n'étais-je là à la tête de mes Francs! »

Le succès du petit prédicateur avait été si grand que tout le monde commença à parler de lui comme d'un enfant qui ferait honneur au pays ; les éloges allèrent si loin qu'on prétendit même que le curé du village trouvait qu'on s'occupait un peu trop des prédications de Julien Dallière et pas assez des siennes. L'opinion unanime fut qu'il ne fallait pas songer à faire de cet enfant un sabotier, mais un prêtre ou un avocat : — Julien Dallière devait être un poète !

C'est une chose étrange que la poésie qui apparaît ainsi, encore indécise et flottante, dans l'intelligence de cet enfant ; mais la révolution subite qui se fait dans l'intelligence du père et de la mère, ces humbles gens de village, n'est pas moins étrange.

Il en coûtera beaucoup pour faire instruire le fils à la ville : il en coûtera d'autant plus qu'on ne veut pas le laisser partir seul : non, il a besoin de bons soins et de bons exemples : on partira avec lui ; le petit pécule amassé au hameau de Briançon, où l'on peut vivre sûrement sans souci du lendemain, on le risquera, on le lancera aux hasards, pour que « le fils » ait un jour sa grande et belle part dans ces richesses que les livres renferment, paraît-il, et pour qu'on ait pleine fierté de lui !

Ce sentiment qui fait explosion tout à coup au cœur de ces deux simples gens de la campagne, n'est-il pas de la poésie aussi ? Poésie de hardiesse et de générosité, poésie à la façon de Palissy jetant tout ce qu'il possède dans le brasier d'où sortira le chef-d'œuvre qu'il a rêvé : ici le chef-d'œuvre qu'on rêve et pour lequel on risque tout, la petite fortune, la sécurité d'aujourd'hui et de demain, — c'est l'avenir d'un enfant : un avenir par l'étude, par les plus nobles efforts de l'esprit. Aussi quelles émotions profondes ! Quelles joies intimes, quand cette audacieuse tendresse sera payée par un rayon de gloire !

Julien Dallière n'avait, cela va sans dire, reçu à Bauné qu'une instruction élémentaire des plus restreintes : les leçons d'un vieil instituteur, le père Bichon, — un ancien soldat de l'Empire comme le garde Chédane et le mamelouck Cousin : à eux trois, ils firent surtout l'éducation politique du petit écolier : l'histoire de Napoléon, racontée à leur manière, par ces vétérans des grandes guerres, fit sur l'imagination de l'enfant une impression qui décida des opinions de toute sa vie : il accepta d'enthousiasme cette légende glorieuse comme une sorte de *Credo* patriotique : il devait trouver bientôt, dans les poètes de la Restauration, Lamartine, Victor Hugo, Casimir Delavigne, Béranger, son admiration pour l'Empereur traduite dans la langue des beaux vers : les grandes victoires et les grands revers, les noms des batailles immortelles, tout le drame qui se déroule de Toulon à Sainte-Hélène ne lui apparut que par ses côtés sublimes ; et, toute sa vie, de la meilleure foi du monde, avec une fervente illusion, il confondit son admiration pour l'Empire dans son culte pour la France : il en resta toujours aux *Souvenirs du Peuple* de Béranger.

Aux leçons d'alphabet et d'histoire napoléonienne données par Bichon étaient venues se joindre quelques notions de latin, enseignées par le curé de Bauné, qui avait généreusement dépouillé toute rancune contre son jeune rival en éloquence sacrée.

Le parents de Dallière quittèrent Briançon pour venir se fixer à Angers vers 1822 ou 1823, et l'enfant entra comme externe au Lycée, alors *Collège Royal* : il y fit toutes ses études.

Le gouvernement de la Restauration venait de placer, comme proviseur, à la tête du Lycée d'Angers, un des hommes les plus éminents qui aient honoré le clergé français dans notre siècle, l'abbé René-François Régnier, depuis vicaire-général d'Angers, évêque d'Angoulême, cardinal-archevêque de Cambrai. Curieux rapprochement : l'abbé Régnier était né en 1774, dans le village de Saint-Quentin, à quelques lieues seulement du village natal de Dallière, et, comme lui, il n'était qu'un petit paysan. Le curé de Saint-Quentin lui apprit à lire dans *l'Esprit des Lois* : le futur cardinal garda l'empreinte de ses premières lectures : on la retrouve dans tous ses écrits, — mandements, sermons, instructions pastorales, coulés en un style dont le métal semble emprunté à Montesquieu lui-même, comme les poésies de Julien Dallière garderont toujours une marque reçue de La Fontaine, dont les *Fables* ont été son premier livre de poésie.

Il y a une trentaine d'années, M. Villemain avait songé à se faire le promoteur de la candidature de Mgr Régnier à l'Académie française : les écrits du cardinal (malheureusement restreints dans une sphère trop exclusivement sacerdotale) auraient pu lui en ouvrir les portes comme à l'un des derniers et des plus éminents représentants de l'éloquence classique.

Julien Dallière ne pouvait rencontrer nulle part mieux que dans ce collège, un milieu favorable au développement de ses qualités littéraires : il y trouva des maîtres qui le comprirent, le guidèrent et dont il resta, toute sa vie, le reconnaissant et intime ami ; j'en nommerai deux : M. de Condren, esprit fin, original, poète à la façon légère de Boufflers, portant dignement, sous une grâce aimable, ce nom sévère, illustré par le Révérend Père de Condren, son grand oncle, fondateur du Collège des Oratoriens de Juilly ; et Jean Sorin, mon père, poète aussi quelquefois, *humaniste*, comme on l'était dans les collèges des deux derniers siècles, mais surtout un critique dont l'école se fait rare aujourd'hui, et dont on retrouverait la filiation directe en relisant les *Lettres de Boileau à Racine*.

Pendant cinquante ans, Julien Dallière n'a pas cessé de voir mon père, un seul jour, ou de lui écrire s'il était éloigné de lui : commerce incessant, dont le culte des grands siècles littéraires était presque l'unique préoccupation.

Dallière fit quelques vers, au collège, un très petit nombre : vers d'écolier, mais remarquables déjà par la pureté et l'harmonie du rythme. On représenta, de lui, sur le théâtre d'Angers, une pièce en vers, *l'Incendiaire*, qui fut applaudie et qui méritait de l'être ; il eut le bon goût de ne considérer lui-même cette œuvre que comme un essai et comme une promesse.

Quand ses études scolaires furent terminées, en **1832**, il n'imagina pas qu'il pût trouver sa voie en dehors d'une carrière littéraire, et il entra comme simple *chargé de septième* au Collège communal de Saumur, d'où il revint, en 1835, au Collège royal d'Angers comme maître d'études : cinq années plus tard, il y fut nommé professeur de sixième.

Voilà, pour un auteur dramatique, des débuts dont bon nombre de jeunes gens peuvent se souvenir, quand les circonstances les contraignent d'étudier l'art si difficile de *savoir attendre !*

CHAPITRE II

Un professeur de *sixième*, poète tragique. — Le drame d'*André Chénier*. — Geffroy. — Du Théâtre-Français à l'Odéon. — Analyse d'*André Chénier*. — Une pièce jouée malgré un directeur. — Triomphe. — Jules Janin et *André Chénier*.

La besogne pédagogique d'une classe de sixième laissait une large part aux rêves poétiques du jeune professeur. Sans se perdre dans des productions multiples et indécises, Julien Dallière se tourna résolument vers le théâtre ; et un jour, au mois d'avril 1840, ses amis apprirent qu'il avait une pièce en trois actes, en vers, prête pour la scène.

Cette pièce, par le fond et par la forme, était une tragédie : elle s'appelait *André Chénier*.

Comment ce sujet s'était-il plutôt qu'un autre présenté à l'esprit du poète ? Son culte pour le chantre de la *Jeune Tarentine* et de la *Jeune Captive* ne fut peut-être pas la seule source de son inspiration : il dut subir l'influence d'événements littéraires qui venaient de se produire et qui avaient mis dans le public un courant sympathique pour les touchantes figures entourées du prestige de la jeunesse. de la poésie et du malheur.

Alfred de Vigny avait obtenu un immense succès en montrant sur la scène du Théâtre-Français la fin tragique de *Chatterton*. L'attention de Dallière devait être particulièrement éveillée par ce drame, qui lui avait apporté le nom applaudi d'un artiste, ancien élève, comme lui, du Lycée d'Angers, Geffroy.

Cette création du personnage de *Chatterton* venait de mettre pour la première fois en évidence toutes les hautes qualités de ce grand acteur Geffroy, qui, pendant trente ans, allait tenir une place si haute à la Comédie-Française, où il devait être tour à tour Alceste et Don Juan, Philippe II et Œdipe-Roi, Louis XI et Tartuffe, partout et toujours un maître.

La première pièce de Julien Dallière dénotait une tendance qu'on retrouve dans toutes ses œuvres dramatiques, et qui est en désaccord, il faut bien en convenir, avec les habitudes de notre théâtre moderne.

Nous attendons surtout du drame. tel que nous le comprenons aujourd'hui, une suite enchevêtrée d'événements, se heurtant au milieu de scènes imprévues et surexcitant notre émotion à coups de surprises. Notre première règle dramatique semble être d'éviter une action simple et surtout une action dont le dénouement soit inflexiblement fixé à l'avance. En un mot, nous demandons au drame de nous émouvoir par la complication des faits extérieurs plutôt que par le développement des sentiments intimes qui sont dans le cœur des personnages mis sur le théâtre. Le grand art tragique de la Grèce et celui du XVIIe siècle procédaient autrement, et avec bien plus de raison : ce qui est simple d'ordinaire dans la vie, ce sont les événements du dehors : — ce qui est multiple jusqu'à l'infini, ce sont les impressions et les passions diverses qu'un événement unique fait naître chez chacun des individus qui en subissent l'influence.

Si vous partez de ce principe, qu'importe dès lors que l'action mise à la scène repose sur un fait tellement connu, que le dénouement et la plupart des incidents qui doivent l'amener soient complètement prévus à l'avance? il reste toujours une part immense faite à l'inconnu dans le jeu des sentiments personnels et collectifs. C'est faute de bien comprendre cette vérité pourtant si évidente qu'un si grand nombre de nos drames historiques n'ont d'*historique* que le nom : on y cherche les éléments de l'émotion dans une intrigue accessoire, alors que l'émotion devrait être demandée seulement au caractère, aux passions des personnages principaux, tels que l'histoire elle-même nous les a présentés.

Julien Dallière, par délicatesse de goût et par sincérité de sentiment, appartenait à l'école dramatique dont la Grèce et le XVIIe siècle nous ont fourni les types les plus parfaits ; il lui doit ses meilleures inspirations.

Quand il fut pour la première fois question de représenter *André Chénier*, les hommes du métier n'eurent qu'un seul cri : « Ce n'est pas une pièce de théâtre ! » Le même cri devait être répété plus tard pour ses autres œuvres représentées, *Napoléon et Joséphine* et la *Mission de Jeanne d'Arc*, en attendant que le public prononçât aussi son jugement, à sa manière, c'est-à-dire par ses applaudissements et par ses larmes.

« On a fait à la pièce d'*André Chénier* de Julien Dallière le reproche d'appartenir au genre de l'élégie plutôt qu'à celui du drame. C'était lui reprocher d'être ce que le sujet voulait qu'elle fût. S'ensuit-il que le théâtre dût s'interdire ce sujet ? Nous sommes bien loin de le penser. Ni le sujet d'*Esther*, ni celui de *Bérénice* ne sont dramatiques dans le sens que l'on attache aujourd'hui à ce mot. Ils n'en ont pas moins fourni deux pièces auxquelles l'absence de mouvement n'enlève rien du charme vivement senti des esprits délicats. Ceux qui connaissent la tragédie antique savent si les Grecs, ces maîtres de l'art, regardaient comme impropre à la scène un sujet plus simple, et à peu près vide d'action, quand d'ailleurs il permettait de faire parler en beaux vers quelque profonde affection de l'âme humaine et d'exciter la terreur ou la pitié (1). »

Pourquoi, même au théâtre, ce sujet d'*André Chénier* ne peut-il et ne doit-il, dans une certaine mesure, être autre chose qu'une élégie? Par une raison morale, qui ressort manifestement du sujet lui-même. Si vous faites d'André Chénier un conspirateur, si vous laissez paraître même le journaliste politique, qui existait en lui à côté du poète, vous matérialisez sa figure idéale; si vous le mêlez à quelque intrigue violente, à quelque tentative de révolte ou d'évasion, par là-même vous le vulgarisez plus encore; il se confond avec le premier prisonnier venu.

Le personnage d'André Chénier transporté à la scène, ne peut, sans apparaître sous un jour faux, être présenté autrement que dans cette sphère supérieure, illuminée, sereine malgré la douleur et malgré l'approche de la mort, où il s'est placé lui-

(1) *Notice sur les poésies de Julien Dallière*, par Jean Sorin, inspecteur d'Académie.

Cette étude fut écrite par mon père, pour la *Revue d'Anjou*, en 1859, à l'époque où Dallière venait de réunir en un volume, sous le titre de *Drames et Poèmes*, les œuvres qu'il avait jusque-là publiées isolément.

même par ses vers impérissables. Assurément, il faut nous montrer un homme réel ; mais il faut que cet homme ait cependant quelque chose de ces statues qu'on sent vivre, tout en sentant que la vie, qui leur est donnée par le marbre, est différente de l'existence qui anime les corps vulgaires. Remarquons même — pour le dire en passant — que la langue du vers trop abandonnée aujourd'hui dans le drame et surtout dans la comédie, a précisément pour but de donner aux personnages scéniques cette vérité idéale plus vraie que la vulgaire réalité, car elle proportionne la perspective de la poésie parlée à la perspective de la poésie qui est dans l'action.

André Chénier doit nous apparaître sur la scène dans l'isolement que lui fait son caractère de poète, comme le *Chatterton*, d'Alfred de Vigny, se détache aussi lui sur le fond du tableau où se groupent et passent d'autres personnages.

Eh bien ! ce même Alfred de Vigny, s'est trompé sur l'importance exacte qu'il convient de donner à la figure d'André Chénier, quand il l'a placée dans un de ses romans, dont Julien Dallière s'est certainement souvenu lorsqu'il écrivit son drame, mais dont il a eu bien soin de s'écarter sous peine de tomber non seulement dans une imitation servile, mais encore dans une lourde faute dramatique.

Alfred de Vigny, dans son roman de *Stello*, a retracé,

en une série de scènes, les jours qui précédèrent la révolution du 9 Thermidor : il nous introduit dans la prison de Saint-Lazare où nous assistons aux angoisses et aussi aux frivoles divertissements des prisonniers et des prisonnières, qui attendent leur tour d'échafaud : nous trouvons dans cette lugubre maison, André Chénier dont le cœur est disputé par deux gracieuses femmes, Mme de Saint-Aignan et Mlle de Coigny : puis, le romancier nous conduit chez Robespierre, où, épisodiquement, apparaissent le père et le frère d'André Chénier ; Robespierre alors — un Robespierre peu conforme à celui de l'histoire — se fait, devant son ami Saint-Just, un jeu féroce de railler ceux qui implorent sa clémence et de leur laisser entrevoir l'arrêt de mort, qu'il va dicter au tribunal révolutionnaire.

Il n'est plus question d'André Chénier qu'accessoirement, lorsque la charrette de la Conciergerie amène à la guillotine la dernière *fournée* des condamnés..... « La tête d'André Chénier roula et ce qu'il *avait là* s'enfuit avec le sang. »

Il ne s'agit nullement de critiquer le roman d'Alfred de Vigny pour amener un parallèle en faveur du drame de Julien Dallière. Non, mais il y a lieu d'observer que le roman d'Alfred de Vigny, transporté à la scène, y produirait un effet tout différent de celui qu'on cherche dans ce sujet d'*André Chénier* devenu un sujet théâtral.

Alfred de Vigny dissémine l'intérêt d'amour sur

deux femmes, Mme de Saint-Aignan et Mlle de Coigny, sans que l'on sache bien exactement celle qui est préférée par Chénier et même s'il a une passion sincère pour l'une ou pour l'autre : la personnalité de Robespierre qui apparaît tout à coup, absorbe ensuite toute l'attention : André Chénier n'est plus dès lors qu'un personnage rejeté en seconde ligne et dont on se préoccupe seulement parce que son nom est encore prononcé.

Certes, Alfred de Vigny a usé de son droit en traitant ainsi le sujet dans un roman ; mais, à la scène, le même sujet devait être traité d'une façon toute différente : il fallait procéder par la concentration et non par la dissémination de l'intérêt : c'est ce que Julien Dallière a compris.

Dans son drame le personnage d'André Chénier absorbe toute l'action autour de lui : il en est l'âme, elle ne se détache de sa personnalité à aucun moment ; et, pourtant, nous ne sommes pas en présence d'un simple monologue coupé de quelques répliques : cette pièce, pour laquelle on ne doit pas accepter sans réserve la dénomination d'élégie, devient bien réellement un drame poignant qui gagne l'émotion du spectateur dès la première scène et la maintient jusqu'à la dernière.

Comment ce phénomène se produit-il ? Parce que ce personnage d'André Chénier qui semble isolé dans une situation, toujours la même pendant trois actes.

passe cependant par une telle mobilité de sentiments et attire autour de lui, de la part des autres personnages, une telle variété d'impressions que le cadre qui semblait étroit s'agrandit et que l'unité, qui semblait imposer la monotonie, devient au contraire la source de scènes multiples et saisissantes. C'est bien là le procédé de la tragédie grecque : c'est l'art qu'employait Sophocle, quand il écrivait son *Philoctète.*

Mais, c'est trop longtemps parler d'une œuvre qui se fera mieux apprécier, elle-même, par une rapide analyse et par quelques citations.

Le drame d'*André Chénier*, par Julien Dallière, a trois actes : le premier est intitulé *le Poéte ;* le second, *le Père* : le troisième, *la Jeune captive.*

Au premier acte, le rideau se lève sur une salle de la Conciergerie : des prisonniers et des prisonnières s'y promènent : une des portes de cette salle conduit au Tribunal révolutionnaire.

André Chénier, assis sur un banc, vient d'écrire quelques vers qu'une jeune fille, placée près de lui cherche à saisir avec une aimable curiosité.

ANDRÉ CHÉNIER

Cette nuit, des geôliers trompant la vigilance,
Ici je reviendrai. Dans l'ombre et le silence,
J'achèverai ces vers et je vous les promets.

LA JEUNE CAPTIVE

Vous promettez toujours et ne tenez jamais ;
Vous différez sans cesse...

A. CHÉNIER

Ah ! c'est me faire injure ;
Vous les aurez... demain.

LA JEUNE CAPTIVE

Sans faute

A. CHÉNIER

Je le jure
J'ai commencé.

LA JEUNE CAPTIVE

Voyons !

(Elle prend une feuille et lit.)

« LA JEUNE CAPTIVE

« L'épi naissant mûrit, de la faux respecté ;
« Sans crainte du pressoir, le pampre, tout l'été.
« Boit les doux présents de l'aurore ;
« Et moi, comme lui belle, et jeune comme lui.
« Quoi que l'heure présente ait de trouble et d'ennui,
« Je ne veux pas mourir encore ! »

C'est pour moi ? Quel bonheur !
Quelle naïveté ! quelle aimable candeur !

André Chénier aperçoit un de ses compagnons de captivité, Grandais, qui lit un journal : il court à lui.

A. CHÉNIER

Vous avez un journal. Eh bien ! quelles nouvelles ?...

GRANDAIS

On dit que les Français sont entrés à Bruxelles.

A. CHÉNIER

(Parcourant le journal).

Oui, partout la victoire accompagne leurs pas.
Quels succès ! les voilà maîtres des Pays-Bas !
Ah ! monsieur de Grandais, bientôt la République...

GRANDAIS

Je me suis mal trouvé de parler politique.
— Serviteur.

A. CHÉNIER

Quoi ! toujours et frivole et joyeux !...

GRANDAIS

Du tout, je suis suspect... Et j'aime beaucoup mieux...
(Il se retourne et va s'entretenir avec une dame.)

A. CHÉNIER

(Avec une chaleur croissante).

La Vendée est en feu ! Quelle lutte terrible !
Que la guerre civile est un spectacle horrible !...
Le doigt de l'Angleterre est là, comme en tous lieux ;
Sur nos divisions elle a toujours les yeux...
Elle va mendier le secours de l'Espagne...
La voilà qui débarque aux côtes de Bretagne...
Dans tes déchirements, la dent du léopard,
France, de tes lambeaux voudrait avoir sa part !

Voilà l'intérêt du drame posé : l'idylle dans l'élégie : l'amour dans une prison. Au moment où André Chénier applaudit en patriote au succès des armées de la République, un nouveau prisonnier est amené dans la salle de la Conciergerie : c'est le général Hoche arrêté comme traître à la patrie.

Le poète et le soldat se comprennent au premier abord, ils souffrent des mêmes angoisses :

HOCHE

— Tombé de Wissembourg à la Conciergerie !
Moi, Hoche, moi, proscrit, moi, traître à la patrie !
On brise mon épée... Oui, monsieur, moi, soldat,
L'on me jette en prison, la veille d'un combat !

A. CHÉNIER

Les talents, un beau nom inspirent de l'ombrage.

HOCHE

Je suis enfant du peuple et n'ai que mon courage.

A. CHÉNIER

Qui respecteraient-ils ?... Malesherbe est ici,

HOCHE

Je suis républicain.

A. CHÉNIER

Moi, je l'étais aussi !

HOCHE

Proscrit ! et dans quel temps? Lorsque sur nos frontières
Je vois de l'étranger s'avancer les bannières...
Lorsque mes compagnons, Kléber, Marceau, Desaix,
Se couvrent de lauriers sous les drapeaux français !
Et je ne suis pas là, dans cette illustre arène !
Au milieu de ma course, à vingt-cinq ans à peine,
Je tombe, quand mon cœur, avec tant de fierté
Battait pour la patrie et pour la liberté !...
Oh ! qui me renverrait parmi toutes ces gloires !
— Je voudrais me venger à force de victoires !
Pardonnez-moi, monsieur, si j'ai pu vous troubler :
Au fond de ces cachots je m'en vais m'isoler.

A. CHÉNIER

(Le retenant.)

Non, non ! cette franchise et cette grandeur d'âme,
Tout me pénètre en vous, tout me parle et m'enflamme,

Me fait du bien. Restez! — Par le sort réunis,
Quelque chose me dit que nous serons amis.

HOCHE

(Lui tendant la main avec cordialité.)

Nous le sommes!

A. CHÉNIER

Merci!

HOCHE

Vous êtes moins à plaindre,
Vous, vous êtes poète, on ne peut vous atteindre.

A. CHÉNIER

Il en est du poète ainsi que du guerrier,
Leur front s'abrite en vain à l'ombre d'un laurier.

HOCHE

Il se rit des brigands dont la rage insensée
Peut enchainer son bras et non pas sa pensée;
Car il poursuit encor, dans sa course arrêté,
Tous ses rêves de gloire et d'immortalité!

A. CHÉNIER

L'avenir! vain espoir pour le cœur du poète.
L'avenir! et la hache est déjà sur ma tête!

HOCHE

Mais le cygne s'envole en jetant pour adieux
Au monde qui le pleure un chant mélodieux!

Et moi, soldat captif, pour calmer ma souffrance,
Je n'aurai point, hélas! ce rayon d'espérance;
Il faudra dévorer mes larmes... Ce n'est pas
Que je tremble à l'aspect d'un horrible trépas.
Qu'on invente pour moi le plus cruel supplice,
La mort peut me frapper, sans que mon front pâlisse.
Mais, tourment sans repos! brûlant d'un feu sacré,
Mourir sur l'échafaud et mourir ignoré!
Quelle est donc cette voix qui vibre à mon oreille?
Qui, me parlant de gloire, en sursaut me réveille?
Ah! si mon sort devait en ces lieux s'accomplir,
Si mon étoile au ciel devait si tôt pâlir,
D'où vient que je palpite et que mon cœur tressaille
Au seul mot de patrie... au seul mot de bataille?

A. CHÉNIER

C'est qu'il est, mon ami, plus d'un homme de cœur
Marqué par le génie... au cachet du malheur,
Plante dont l'aquilon a séché le feuillage,
Qui, sans porter de fruit, tombe et meurt avant l'âge,
Que, poète ou soldat, dans l'ombre aura jeté
L'impitoyable main de la fatalité.

La porte de la prison s'ouvre encore : cette fois, ce n'est pas pour amener un nouveau prisonnier, — mais pour faire sortir les victimes qui sont attendues par la guillotine.

Tous les captifs se sont groupés, et ils écoutent le terrible appel.

BRUTUS

(En dehors.)

« Condamnés par le tribunal révolutionnaire, comme « traîtres à la République, une et indivisible. »

LA JEUNE CAPTIVE

Dieu ! qu'entends-je ?

A. CHÉNIER

Écoutons !

(Les prisonniers se pressent aux guichets, dans des attitudes différentes.)

BRUTUS

(Appelant lentement.)

Loiseroles.

A. CHÉNIER

O crime !
— Bourreau, respecte donc un dévoùment sublime...
Son père a pris sa place, a subi son trépas !
Relâche cet enfant, il ne t'appartient pas !

BRUTUS

Malesherbe !

A. CHÉNIER

O vertu ! Quoi ! ce nom qu'on vénère
N'a pas su conjurer la foudre populaire !

BRUTUS

Lavoisier !

A. CHÉNIER

Oh !

(Brutus derrière le théâtre passe devant la grille).

LA JEUNE CAPTIVE

Que vois-je ? Oh ! mon Dieu, les voici...
Viennent-ils parmi nous se recruter aussi ?

LE GEOLIER

(Dans la coulisse.)

Par ici, maintenant, citoyen commissaire.
(Paraissant et annonçant).
Au nom du Tribunal révolutionnaire,
Le citoyen Brutus !

A. CHÉNIER

(A Hoche.)

Vous l'entendez...

HOCHE

Ainsi
Voilà ce que l'on veut et ce qu'ils font ici !...
Quand partout retentit le cri de la victoire,
La Terreur se promène et fait ombre à la gloire !
— Levez-vous, citoyens, renversez sous vos pas
Ces échafauds sanglants,... la France n'en veut pas !

LA JEUNE CAPTIVE

Les voici !

A. CHÉNIER

(Regardant la jeune captive.)

Tout mon sang dans mes veines se glace !

LA JEUNE CAPTIVE

(Joignant les mains.)

Pour tous ces malheureux, citoyen, grâce... grâce !

(Frappée d'épouvante sous le regard dur et hautain de Brutus, elle achève ce dernier mot d'une voix tremblante et affaiblie. — Des prisonniers viennent du fond assister à cet appel. Terreur générale.)

SCÈNE VII

Les mêmes, BRUTUS, SOLDATS, GEOLIERS.

BRUTUS

Qu'a donc la citoyenne ? on dirait qu'elle a peur.

LA JEUNE CAPTIVE

(Se soutenant à peine.)

Moi, je n'ai nul motif de crainte ou de frayeur !
Qu'ai-je fait pour trembler ?... mon nom ne doit pas être
Sur la liste... Oh ! je n'ai rien à craindre...

BRUTUS

Peut-être ?

LA JEUNE CAPTIVE

(Se jetant dans les bras de Chénier.)

Oh ! de ses bras alors il faudra m'arracher.
(Se dégageant et faisant un pas vers Brutus.)
Mais non, ce n'est pas moi que vous venez chercher !...

BRUTUS

Je n'en sais rien encor, nous allons voir, que diable !
— Je fais à la petite une peur effroyable.
(Il rit en regardant sur la liste.)
Il nous en faut encor trois pour être au complet.
(Lisant.)
« Appelés par le tribunal révolutionnaire, comme
« traîtres à la République, une et indivisible. »
C'est çà : l'ex-général Deleure, s'il vous plaît.
Le ci-devant Grandais.

PREMIER GEOLIER

L'ex-général Deleure
Vient d'être en l'autre salle appelé tout à l'heure,

BRUTUS

(Négligemment.)

Cela se peut. Alors...
(Avec un peu d'hésitation.)
Le ci-devant Grandais ?

GRANDAIS

Vous êtes en retard et je vous attendais ;
Mais vous fîtes, chez moi, tant de fois antichambre.
Jadis, quand vous n'étiez que mon valet de chambre,
Que je ne peux vraiment vous en vouloir, Fabien !
(Aux captifs, en leur serrant la main :)
— Que votre sort, amis, soit meilleur que le mien.
J'appris à vous connaître, à vous aimer.

BRUTUS

(Insolemment.)

Silence !

(Grandais passe devant lui avec fierté et noblesse.)

A. CHÉNIER

De quel autre va-t-il prononcer la sentence ?

BRUTUS

(Retournant sa liste.)

La... ci-devant...

LA JEUNE CAPTIVE

Je tremble ! ah ! je me meurs d'effroi !
La ci-devant ! Qui donc ? mon Dieu ! si c'était moi !

BRUTUS

(Froidement.)

La ci-devant... Anna d'Aubigné.

A. CHÉNIER

(Avec douleur, à part.)

Je respire !

(Haut.)

— Respecte le repos de la jeune martyre.
As-tu donc oublié le tombereau fatal
Qui l'a prise, au sortir du sanglant tribunal ?
Hier, elle est partie et n'est point revenue.
Le bourreau doit savoir ce qu'elle est devenue.

(Moment de silence et de stupeur. Le geôlier fait signe qu'en effet elle n'est plus là.)

BRUTUS

Pourquoi ce nom, alors, n'est-il point effacé ?

A. CHÉNIER

(Avec force.)

Pourquoi ce nom, plutôt, a-t-il été tracé ?

BRUTUS

(Appelant de nouveau.)

Salignac-Fénelon.

A. CHÉNIER

Ce vénérable prêtre !

SALIGNAC

(Il sort de la foule et dit avec douceur :)

Je suis prêt !

BRUTUS

Marche donc, conspirateur et traître !

SALIGNAC

(Levant les yeux au ciel.)

A quatre-vingt-neuf ans conspirer et trahir !
Ma bouche ne s'ouvrit jamais que pour bénir.

. . . .

SCÈNE VIII

ANDRÉ CHÉNIER, LA JEUNE CAPTIVE, HOCHE

A. CHÉNIER

(Hors de lui,)

O rage !
Mais les hommes sont donc sans vertu, sans courage !
— Une arme dans mes mains !

LA JEUNE CAPTIVE

Silence, par pitié !
Mais, cette fois encor vous êtes oublié...

A. CHÉNIER

Moi... qu'importe ?

LA JEUNE CAPTIVE

Cruel !

A. CHÉNIER

Bourreaux !

LA JEUNE CAPTIVE

Qu'osez-vous dire ?

A. CHÉNIER

Je songe à ce vieillard...

LA JEUNE CAPTIVE

Mais... votre... ami... respire !...

A. CHÉNIER

Tant de sang !

HOCHE

Taisez-vous !

A. CHÉNIER

Devant ces lâches, moi ?...

HOCHE

Vous vous perdez...

A. CHÉNIER

(Avec explosion).

Eh bien ! ma tête au peuple-roi !

LA JEUNE CAPTIVE

On nous laisse tous trois, j'étais presque joyeuse ;
C'est lui qui me tourmente et me rend malheureuse !

Voilà, il faut en convenir, dans une œuvre qu'on voudrait réduire aux proportions d'une simple élégie, une scène assez largement tracée pour faire envie aux auteurs des drames les plus mouvementés. l'effet en fut immense à la représentation : naturellement, le public et les critiques songèrent à un tableau fort célèbre du peintre Müller, l'*Appel des dernières victimes de la Terreur*, qu'on a vu pendant longtemps dans la grande galerie du Luxembourg.

J'ai souvent entendu Julien Dallière parler de cette toile : tout en rendant pleine justice au talent du peintre, il déclarait qu'il ne comprenait pas l'attitude que celui-ci avait donnée à André Chénier, s'isolant dans sa rêverie, au milieu de la scène affreuse qui se déroule autour de lui.

Il y a là un problème de psychologie poétique et artistique qui vaut la peine d'être discuté, et qui l'a été, dans une page qu'on me permettra de citer :

« L'œuvre du poète et celle du peintre ont le même sujet : *L'Appel des dernières victimes de la Terreur*. Rapprochées l'une de l'autre, elles présentent des ressemblances et des oppositions qui nous paraissent dignes d'être étudiées. Dans les deux compositions, le personnage principal est André Chénier. C'est sur lui que l'attention est spécialement appelée, sur lui que l'intérêt, en passant pour ainsi dire par les autres personnages, vient en somme se concentrer. Le but est identique : les moyens employés pour l'atteindre sont très différents, et nous croyons qu'ils ont dû l'être. C'est un exemple, entre mille, propre à faire comprendre dans quelle erreur on tomberait si l'on entendait d'une manière littérale et trop étroite le vieil adage d'Horace : *Ut pictura poesis* : cela n'est vrai que dans le sens général de la nécessité, imposée à tous les arts, de prendre pour guide la nature, et pour terme le vrai, rendu palpable sous la forme du beau. Quant à la direction qu'elles ont à suivre pour y parvenir, la poésie et la peinture, d'après les ressources mêmes dont chacune d'elles dispose, doivent souvent s'écarter l'une de l'autre. C'est ce qu'ont trop perdu de vue, trouvons-nous, ceux qui ont fait au tableau de M. Müller deux reproches, plus spécieux que fondés.

« On a dit que les groupes, très multipliés, sans liaison bien marquée entre eux, donnent à l'ensemble de la composition quelque chose du caractère de ce qu'on appelle au théâtre une pièce à tiroirs. De plus, on a trouvé invraisemblable, l'insensibilité physique d'André Chénier, qui, plongé dans une profonde méditation, semble ne rien voir ni entendre du mouvement bruyant dont il est entouré.

« D'abord on peut répondre que les groupes ne sont pas tellement détachés les uns des autres qu'ils ne se trouvent resserrés par le lien moral d'une émotion, multiple dans ses manifestations, mais unique dans sa source. Leur isolement relatif n'est-il pas d'ailleurs suffisamment justifié par cet égoïsme trop naturel qui fait que, dans un malheur commun, chacun n'est guère préoccupé que de ce qui l'atteint lui-même ou frappe les objets de ses plus chères affections ? Quant au grand nombre des groupes, il entrait évidemment dans la pensée de l'artiste, comme moyen de faire mieux ressortir le calme d'André Chénier, en augmentant le tumulte auquel le poète demeure étranger.

« Mais n'est-ce pas là précisément ce qui donne prise à la critique ? Puisqu'il se fait tant d'agitation et de bruit autour du principal prisonnier, d'où vient qu'il n'en paraît aucunement affecté ? Cela ne paraît pas admissible en effet, s'il s'agissait d'un homme ordinaire ; mais cela peut se concevoir de la part d'un homme de génie, pour qui la vie commune n'existe plus, quand il est transporté dans le monde de la pensée, et surtout s'il est menacé d'une fin inévitable et prochaine. Il n'est pas difficile de se représenter André Chénier absorbant toutes ses facultés dans une imperturbable méditation, afin de disputer à la mort ces vers qui auront pour dernier écho la sentence fatale :

Avant que de ses deux moitiés
Ce vers que je commence ait atteint la dernière,
Peut-être en ces murs effrayés,
Le messager de mort, noir recruteur des ombres,
Remplira de mon nom ces longs corridors sombres.

« Or, dans le domaine des arts, tout ce qui est à la fois possible et beau est vrai. L'artiste a donc usé de son droit en réalisant sur la toile un fait que l'imagination du spectateur admet non seulement sans effort, mais avec l'admiration provoquée par tout acte qui élève l'homme à ses propres yeux. Et c'est ici que se tranche nettement la différence des deux formes dont le peintre et le poète ont revêtu le même fond d'idées. Le premier, condamné par la nature de son art à ne saisir du sujet qu'une circonstance qu'il faut invariablement fixer, a su faire ressortir, de l'expressive immobilité du héros, la puissance qu'exerce sur soi une âme fortement trempée ; le second, qui avait à sa disposition les développements de la parole, les a fait servir à produire au dehors la même énergie par les explosions de la vertu foudroyant le crime. Tous deux ont demandé respectivement à leur art ce qu'il pouvait leur donner : le poète recevait davantage du sien ; il en a profité (1). »

Trois personnages seulement remplissent le second acte, intitulé *le Père* : André Chénier, son frère Marie-Joseph Chénier et Chénier père.

Tout le monde sait que Marie-Joseph Chénier, auteur des tragédies de *Tibère*, *Fénelon*, *Timoléon* et du *Chant du Départ*, était membre de la Convention.

(1) Extrait de la *Notice sur les poésies de Julien Dallière*, publiée par mon père, Jean Sorin, dans la *Revue d'Anjou*. V. ci-dessus, page 18.

Une abominable calomnie, dont il a été fait complète justice, fut lancée contre lui quelque temps après la Terreur : on affirma que s'il n'avait pas contribué à faire condamner son frère André par le Tribunal révolutionnaire, il n'avait rien fait du moins pour l'arracher à l'échafaud (1).

La vérité est connue : Joseph Chénier pensait, avec raison, que le meilleur moyen de sauver André était de faire le silence autour de lui. Ce système valait d'autant mieux qu'André Chénier avait été arrêté par hasard, sans ordre légal, et qu'on ne pouvait, dans de telles conditions, songer à le poursuivre devant le Tribunal révolutionnaire : sa prison même pouvait donc le protéger contre l'échafaud.

(1) Marie Joseph Chénier a été défendu contre cette horrible accusation par le plus véridique et le plus éloquent des témoignages, — celui de sa mère.

Le 16 décembre 1796, Mme de Chénier écrivait à un journal la lettre suivante, citée par M. E. Caro (de l'Académie française) dans le second volume de son ouvrage intitulé *la Fin du dix-huitième siècle :*

« Je viens de lire avec indignation dans un journal les atroces calomnies vomies contre mon plus jeune fils par l'infâme André Dumont, reste impur de ces brigands qui ont couvert la France de larmes et de sang. Dans ces temps affreux, quand deux de mes enfants gémissaient au fond des cachots, l'un par les ordres de Robespierre, l'autre par ceux d'André Dumont, Marie-Joseph Chénier, seule consolation de sa famille, ouvertement proscrit par Robespierre et ses complices, n'a cessé de faire des démarches pour ces pauvres infortunés ; elles n'étaient que trop infructueuses, ainsi que

Malheureusement M. de Chénier, père, ne put comprendre ou supporter cette prudente et cruelle temporisation : ancien consul général de France à Constantinople, se fiant trop à la considération qui s'attachait à sa personne, il fit auprès de Barrère, membre du Comité de Salut public, une démarche qui rappela celui qu'on devait par-dessus tout faire oublier.

Toute cette lamentable histoire de la condamnation d'André Chénier est assez obscure au fond : il paraît à peu près certain que le dossier du poète sortit du greffe, par erreur, alors qu'on voulait l'y enfouir parmi d'autres pièces. Mais une œuvre dramatique n'est pas une œuvre de stricte critique historique, et l'on ne pourrait, sans nier la liberté de l'art, discuter minutieusement l'exactitude de cer-

celles de son père. Le vertueux André mourut assassiné le 9 thermidor. Sauveur, son frère, eût péri de même sans le grand événement qui arriva deux jours après; Marie-Joseph, hautement menacé, les aurait suivis. Ses parents et ses amis savent qu'il s'était muni d'un poison violent pour ne pas tomber aux mains des tyrans sanguinaires, dont il ne parlait à toutes les époques qu'avec horreur Un de ceux qu'il méprisait le plus, André Dumont, ose l'accuser aujourd'hui d'abandonner sa mère. Ah ! bien loin de l'avoir abandonnée, il lui donne chaque jour de nouvelles marques de sa tendresse filiale ; c'est lui qui me tient lieu de tout, et je lui donne publiquement ce témoignage authentique, afin de soulager mon cœur maternel et de confondre ses calomniateurs. »

Ce cri d'une mère, ajoute M. Caro, sera la meilleure justification de Marie-Joseph auprès de la postérité.

tains détails secondaires, dans un drame, où le fond n'est, hélas ! que trop véridique.

André Chénier voit tout à coup Joseph entrer dans sa prison : en sa qualité de membre de la Convention, il a pu se faire ouvrir les portes de la Conciergerie : il vient consoler son frère et lui recommander la prudence : une contre-révolution va éclater ; la chute de Robespierre est imminente...

... Écoute,
Un puissant mouvement se prépare : nul doute
Pour les cœurs généreux que la France bientôt
Ne chasse ses tyrans et brise l'échafaud...
Ce que je dis n'est point une menace vaine,
André, tu peux en croire et mes vœux et ma haine,
A l'heure où tu me vois, l'arrêt est prononcé,
Robespierre chancelle et son règne est passé.
— Mais retiens bien ceci : point d'imprudence, frère,
Un seul mot peut te perdre aujourd'hui, quand j'espère !
Au nom de l'amitié, je t'en conjure, André,
Par les pleurs de ta mère et son amour sacré,
Retiens dans ses transports ta colère inutile.
Juge de mes terreurs. Dans mon secret asile
(Lui montrant un papier.)
Tes ïambes sanglants sont venus jusqu'à moi

A. CHÉNIER

(Lisant le premier vers et récitant le reste avec enthousiasme.)

« Dans cet affreux repaire...
« Mille autres moutons comme moi,
« Pendus aux crocs sanglants du charnier populaire.
« Seront servis au peuple-roi ! »

MARIE-JOSEPH

(Lui arrachant le papier.)

Silence, malheureux ! Quand le tyran sommeille.
A tes cris imprudents veux-tu donc qu'il s'éveille ?
Depuis qu'en ce cachot je te sais prisonnier,
Moi, pour faire oublier jusqu'au nom de Chénier,
J'ai fui de désespoir ce théâtre de crimes
Où je ne voyais plus que bourreaux ou victimes.
Mais dans ma solitude, hélas ! que de douleurs !
Sur mon frère captif que j'ai versé de pleurs !
Que de fois j'ai senti défaillir mon courage,
Quand j'entendais soudain, avec des cris de rage
Une foule en délire, aux bras nus et sanglants,
Insulter au malheur, aux plus nobles talents,
Demander en suivant la fatale charrette,
Quelque nouveau proscrit, quelque nouvelle tête !
— Et, si je tressaillais et d'horreur et d'effroi,
Le ciel m'en est témoin, ce n'était pas pour moi !

A. CHÉNIER

Frère !

MARIE-JOSEPH

Si je te dis ma crainte et ma souffrance,
C'est que je puis encor te parler d'espérance ;
De meilleurs jours viendront...., attends-les et crois-moi.
Je t'en supplie, André, veille, veille sur toi...
Cache tes vers. — Bientôt finiront tes alarmes,
Mon père ! — ton André viendra sécher tes larmes.

A. CHÉNIER

Mon père ! Ah ! je sens trop ce qu'il a dû souffrir.
Mon Dieu ! je n'aurai plus la force de mourir !

Tandis qu'André Chénier remercie son frère et lui tend ses bras, Chénier père arrive : Robespierre lui a accordé la permission d'entrer à la Conciergerie...

Chénier père est royaliste : il a horreur des opinions républicaines de son fils Marie-Joseph : il ne lui pardonne pas d'avoir voté la mort de Louis XVI. et il le croit complice de l'arrestation d'André : son étonnement et son indignation éclatent en même temps...

CHÉNIER, PÈRE

..... Vous, monsieur, vous ici ?
Sans doute vous venez pour le sauver aussi...
C'est bien : montrez pour lui le zèle qui m'anime,
Et de grand cœur alors je vous rends mon estime.
Voyons... Qu'avez-vous fait ? Vous aviez tout pouvoir,
Parlez.

MARIE-JOSEPH

(Avec une douleur concentrée.)

Je me tairai ; mais j'ai fait mon devoir.

CHÉNIER PÈRE

Votre devoir ! Ils n'ont que ce mot à la bouche,
Tous ces hommes sans cœur dont la vertu farouche

Semble se faire un jeu des devoirs les plus saints;
Qu'importe la nature à leurs nobles desseins?
Qu'est-ce que tous ces mots : humanité, justice?
Sur un vil échafaud qu'un innocent périsse,
Qu'importe! — Tout joyeux d'un lambeau de pouvoir,
Les mains rouges de sang, ils ont fait leur devoir!

MARIE-JOSEPH

Oh!

A. CHÉNIER

(Cherchant à le calmer)

Calmez-vous, de grâce!

CHÉNIER PÈRE

Oui, que ce soit un père,
Le meilleur des amis, le plus généreux frère,
Qu'est-ce que tout cela, quand on eut, comme toi,
L'honneur d'abattre un trône et la tête d'un roi?

MARIE-JOSEPH

Assez, mon père, assez! ou j'oublirais peut-être...

CHÉNIER PÈRE

(Avec dignité.)

Le respect qui m'est dû! — Vous en êtes le maître.
Moi, sur ta tête, objet de réprobation,
Je puis jeter un cri de malédiction!

A. CHÉNIER

Arrêtez!

CHÉNIER PÈRE

Loin de moi, régicide !

MARIE-JOSEPH

Anathème !

CHÉNIER PÈRE

Qu'as-tu fait de mon fils ?

MARIE-JOSEPH

(Douloureusement.)

Qu'avez-vous fait vous-même ?

CHÉNIER PÈRE

Oh ! je puis dire, moi, que j'ai fait mon devoir...
Tandis que tu briguais une part du pouvoir,
Sénateur de vingt ans, épiant la fortune
Des foyers du théâtre au pied de la tribune,
Je répandais alors, moi, des larmes de sang
Sur l'horrible destin de mon fils innocent ;
Et lorsque ses sanglots, sous ces voûtes funèbres,
Dont nul rayon d'espoir n'éclairait les ténèbres,
Retentissaient, hélas ! et venaient jusqu'à moi,
Superbe et radieux, tu te prélassais, toi,
Enivré de l'encens d'une foule insensée,
Par toi-même à son tour follement encensée,
A qui ta plume offrait le spectacle sanglant
D'un frère, entends-tu bien, oui, d'un frère immolant
Son frère aux factions (1). C'était là ton histoire.
Et tu pouvais chanter une si belle gloire.

(1) Allusion à la tragédie de *Timoléon* de M.-J. Chénier.

MARIE-JOSEPH

Quel outrage !

CHÉNIER PÈRE

Voilà ce que vous avez fait !

MARIE-JOSEPH

Non, je n'ai pas commis cet horrible forfait.

CHÉNIER PÈRE

Et sans moi, l'avenir, juge intègre et sévère.
T'aurait crié : — Caïn, qu'as-tu fait de ton frère ?

A. CHÉNIER

Mon père, au nom du ciel !...

CHÉNIER PÈRE

Et moi, dans ma douleur,
Pauvre vieillard, courbé sous le poids du malheur,
J'attachais mes regards à ce cachot funeste,
Où gisait loin de moi le seul bien qui me reste ;
Je demandais au Ciel de partager son sort,
De me rendre mon fils ou me donner la mort.
Et puis, je sanglotais, des jours, des nuits entières ;
Et le Ciel n'exauçait mes vœux, ni mes prières ;
L'implacable échafaud frappait incessamment.
Mon Dieu ! j'ai bien souffert, quel horrible tourment !
Souvent, le cœur brisé, palpitant, hors d'haleine,
Je voyais s'avancer une charrette pleine,

Fendant péniblement la foule... Et je croyais,
Malheureux ! de mon fils reconnaitre les traits.
Je m'étonnais, après tant de pleurs et d'alarmes,
Que de mes yeux encor pussent couler des larmes...
Aussi, je n'ai pu résister plus longtemps :
Le vieillard retrouva sa force de vingt ans
Pour te sauver, mon fils... Oui, mon André, je vole
Chez celui qu'il pouvait fléchir d'une parole,
Lui ! Je fus accueilli ; tremblant, humilié,
Pour mon fils innocent j'ai prié, supplié.
Oh ! je n'ai pas rougi d'employer la prière ;
Et, pour te délivrer, le front dans la poussière,
J'aurais, comme un esclave, embrassé ses genoux.
— Il me reçut d'un air et bienveillant et doux,
M'écouta. Je l'entends encore avec délice
Me répondre : « C'est bien, il sera fait justice,
« Et ton fils, citoyen, sortira dans trois jours.»

MARIE-JOSEPH

(A part.)

Dans trois jours !

CHÉNIER PÈRE

Et ce terme expiré, moi, je cours
De nouveau l'implorer... — Une faveur dernière,
Lui dis-je ; permettez, citoyen Robespierre,
Que j'annonce moi-même à mon fils qu'aujourd'hui
L'heure de délivrance aura sonné pour lui.
« — J'y consens, pour montrer à nos auteurs tragiques
Que j'entends aussi, moi, les scènes dramatiques, »
Dit-il en souriant.

MARIE-JOSEPH

(Accablé, à part,)

Je le reconnais là.
Exécrable tyran !

CHÉNIER PÈRE

Oui, mon André, voilà
Comment j'ai pénétré jusqu'à toi. Ton vieux père
A voulu le premier dire à son fils : Espère.
(A Marie-Joseph.)
Et toi, qui le laissais égorger, m'entends-tu ?
Je l'ai sauvé !

A. CHÉNIER

Mon père !

MARIE-JOSEPH

(Tombant accablé de douleur, sur une chaise.)
(A part.)

Ah ! vous l'avez perdu !

A. CHÉNIER

Ecoutez-moi, mon père. A vos pieds qu'il embrasse,
Votre fils... votre André, vous demande une grâce...
Pardonnez à mon frère, il le faut, je le veux.

CHÉNIER PÈRE

(Avec gravité.)

Non, non !

A. CHÉNIER

(Suppliant.)

C'est le plus cher, le plus saint de mes vœux !
Joseph est innocent !

CHÉNIER PÈRE

Innocent ?

A. CHÉNIER

Oui ! mon père.

CHÉNIER PÈRE

Qu'il me réponde alors ; qu'a-t-il fait pour son frère ?
Il pouvait chaque jour leur parler et les voir,
Ces hommes dont il aime et flatte le pouvoir...
L'a-t-il fait ? Il pouvait m'épargner bien des larmes.
Ta pauvre mère, André, mourait dans les alarmes ;
A-t-il pris pitié d'elle ? A-t-il prié pour toi ?

A. CHÉNIER

Il se taisait, mon père, et vous saurez pourquoi !

CHÉNIER PÈRE

Il se taisait, dis-tu ? j'admire sa prudence !
Sont-ce là les effets de son indépendance ?
De nos républicains voilà donc la fierté,
On se tait, on a peur... devant la liberté !
Oui, quand de toutes parts l'humanité vous crie
Que l'on souille en son nom l'autel de la patrie.
Qu'on proscrit votre frère, et que vous n'osez pas,
A la face du ciel, le sauver du trépas,
Moi, père, j'ai le droit de crier sans relâche
Que vous n'avez rien fait, que vous êtes un lâche !

(Marie-Joseph se lève.)

A. CHÉNIER

(passant près de Joseph.)

Un lâche, lui, Joseph ! — Oh ! ne l'accusez pas !
Pourquoi dans ma prison a-t-il porté ses pas ?
Autant qu'il le pouvait, il a pris ma défense.
J'admire son courage...

(Serrant à la dérobée la main de Joseph.)

Et jusqu'à son silence...
Et... quand de ces tyrans l'impitoyable voix
Demandait à grands cris du sang et non des lois,
De ce noble théâtre où brille son génie,
Votre fils, mon Joseph, bravant la tyrannie,
D'une voix courageuse et d'un geste puissant,
Répondait aux bourreaux : « Des lois et non du sang ! »
Il ne mérite pas vos reproches sévères.
C'est le meilleur des fils, c'est le meilleur des frères !
Doit-il sacrifier à vos préventions
Son drapeau, son génie et ses convictions ?
Oh ! ne l'ignorez pas ! la liberté qu'il aime
Est celle que j'adore et que je sers moi-même.
— Parce qu'un homme vil peut souiller son autel,
Dieu sera-t-il moins grand, moins pur, moins immortel ?

(Attirant peu à peu Marie-Joseph près de son père.)

— Au nom de notre mère, oh ! je vous en supplie,
Souffrez qu'en ma prison je vous réconcilie !
Si la mort m'arrachait au paternel foyer,
Sur qui mon pauvre père irait-il s'appuyer ?
Ne me résistez pas... — Lève la tête, frère,
Et jetons-nous ensemble entre les bras d'un père !

MARIE-JOSEPH

Mon père !

CHÉNIER PÈRE

Mes enfants. — André... tu m'as vaincu.

Après cette belle scène, l'acte finit par un coup de foudre : Brutus vient appeler André Chénier à comparaître devant le Tribunal révolutionnaire... Chénier père jette un cri de désespoir : Marie-Joseph achève de se justifier par cette noble explosion :

Mon père, au nom de votre amour,
C'est à nous de prier, d'agir à notre tour.
Employons la menace, employons la prière ;
Volez chez nos amis, je cours à Robespierre.
Dût pour moi l'échafaud se dresser aujourd'hui,
Je veux sauver mon frère ou mourir avec lui !

Le troisième et dernier acte, est intitulé *la Jeune Captive* : c'est sur elle, en effet, que va se concentrer l'intérêt des dernières scènes.

Hoche attend avec anxiété qu'André Chénier sorte de la salle du Tribunal révolutionnaire : il colle son oreille contre la porte ; il essaie de distinguer quelques paroles dans les rumeurs qui lui parviennent du prétoire.

Enfin, André reparaît, ferme encore, mais le visage pâli...

HOCHE

Eh bien !

A. CHÉNIER

Eh bien, ami.., condamné !

HOCHE

C'est infâme !
Mais j'en deviendrai fou... Mais ils n'ont donc point d'âme.
Misérables ! C'est moi, Hoche, m'entendez-vous,
Moi qui vous hais et veux vous faire pâlir tous !
En me frappant moi-même achevez votre ouvrage.
Il me tarde d'aller leur cracher au visage !

André Chénier s'efforce de calmer l'emportement de Hoche ; à ce digne ami qui va lui survivre, il lègue le soin de consoler tous ceux qu'il aime, de protéger sa *jeune captive* et aussi de veiller sur ses vers.

Eh bien ! je t'en supplie, ô mon meilleur ami :
Je vous quitterai tous d'un pas plus affermi,
Jure que, si tu peux, tu verras mon vieux père,
Que tu n'oubliras pas ma bonne et tendre mère,
Et que tu leur diras, du moins après ma mort,
Que mon dernier soupir était pour eux encor...
Quand je ne serai plus, qu'un ami les console,
Porte-leur mes adieux, ma dernière parole...
— Pauvre père, il croyait me sauver aujourd'hui !
Qu'il sache... qu'en partant je t'ai parlé de lui.
Je ne te dirai rien de ma jeune captive ;
Tu connais ma tendresse ; et, quand la mort la prive
De son seul défenseur, tu me remplaceras ;
Dans le monde, après moi, tu la protègeras.
— Le bourreau va venir. Que mon sort s'accomplisse !
Martyr, j'attends sans peur l'heure du sacrifice.

Si je pouvais, du moins, penser qu'André Chénier,
Mourant sur l'échafaud, ne meurt pas tout entier !
C'est un rêve insensé, mais enfin c'est mon rêve !

(Il tire de son sein un petit cahier).

Ces pages, que le Ciel ne veut pas que j'achève,
A qui j'ai confié de si pures amours,
Ami, prêt à vous fuir pour longtemps,... pour toujours,
Souffrez qu'entre vos mains en partant je les laisse ;
Du poète qui meurt excusez la faiblesse !
Les voilà... gardez-les,... et maintenant, adieu,
Vous ne me reverrez que dans le sein de Dieu.

HOCHE

Oui, je le jure, André, ton sublime génie
Survivra pour le monde à ta lente agonie ;
Tu vivras, noble ami, dans ce dépôt sacré ;
Pour qu'on t'admire un jour, je le conserverai.
Tu peux mourir en paix.

A. CHÉNIER

Merci, j'y comptais, frère.
Oh ! que la liberté vous rende à votre mère...
Mourez, vous, plein de jours, invincible, invaincu !
Que l'on ne dise point : — Ah ! s'il avait vécu !
Que les fleurs de la tombe, entourant votre image,
Tristes, ne disent pas : — Il est mort avant l'âge !

Le drame ne peut avoir son dénoûment que si nous voyons reparaître la *jeune captive* et si nous assistons à la fin de cette idylle ébauchée sous la hache du bourreau.

HOCHE

(Répondant à André Chénier.)

Ah ! tu n'es pas à plaindre.
Je souffre plus que toi.

A. CHÉNIER

(Se faisant violence.)

Moi je ne souffre pas.
La vie est un fardeau... Qu'est-ce que le trépas?
Ils auront à souffrir dans des misères humaines,
Ceux qui me survivront...

(Ici la jeune captive arrive doucement. L'anxiété la plus vive est peinte sur son visage ; elle cherche à surprendre ce qu'ils disent.)

Moi, j'ai brisé mes chaînes,

(Tendant les bras à Hoche.)

Je suis libre !

LA JEUNE CAPTIVE

(Se montrant alors.)

Oh ! bonheur !

Ainsi la jeune fille a pris le change : son ami est libre, et elle ne devine pas que cette liberté, c'est celle de la mort.

Chénier, par un effort héroïque, refoule en lui son désespoir, et la jeune fille elle-même le presse de partir, d'aller au plus vite revoir et rassurer sa mère...

André, je vous retiens, je vois, par ma présence...
Je m'en vais. — Car une autre, hélas ! depuis longtemps,
Compte dans sa douleur les heures, les instants...
Allez la consoler ; moi, je suis jeune et forte !

A. CHÉNIER

(L'embrassant sur le front à plusieurs reprises.)

Adieu !...

LA JEUNE CAPTIVE

Non, au revoir !
(Elle rentre avec Hoche).

SCÈNE IV

ANDRÉ CHÉNIER, seul.

La nature l'emporte !
Adieu, courage vain, menteuse fermeté ;
Coulez, coulez, mes pleurs, en toute liberté !
— Ta gaité, chère enfant, a brisé mon courage.
Allons, remettons-nous, plus de pleurs, plus de rage,
Apprenons comme on doit mourir à ces bourreaux...
Malfilâtre, Gilbert, du fond de vos tombeaux
Sortez ! je vous convie à cette horrible fête...
Venez, sur l'échafaud voyez rouler ma tête.
Place au milieu de vous, poètes morts de faim,
André Chénier demande à vous donner la main !
(Huit heures sonnent dans le lointain.)

SCÈNE V

ANDRÉ CHÉNIER, BRUTUS, dans le fond, GEOLIERS

BRUTUS

C'est à toi, citoyen, descends.

A. CHÉNIER

Séchons nos larmes.
Adieu, séjour d'horreur, où je trouvai des charmes.
Ange que j'aimai tant et d'un si pur amour,
Êtres chers à mon cœur, dont je reçus le jour,
Qui ne saurez pas même où ma cendre repose,
Adieu !

(Il fait quelques pas.)

Mourir...

(Se frappant le front.)

Pourtant j'avais là quelque chose !

(Il sort avec fermeté.)

A peine André Chénier est-il sorti que la *jeune captive* revient agitée par une vague inquiétude... Tout à coup, un bruit trop connu la fait tressaillir : c'est au dehors, le roulement d'une charrette qui emmène les condamnés à l'échafaud, au milieu des cris poussés par les *furies* de la guillotine.

La jeune fille devine l'épouvantable vérité, et, pourtant, d'autres cris se font entendre, — des cris de clémence : toutes les portes de la prison s'ouvrent avec fracas, les captifs sortent en masse et vont se jeter dans les bras de leurs parents, de leurs amis : Robespierre est renversé : c'est le 9 thermidor !

Marie-Joseph Chénier se précipite éperdu sous les voûtes de la Conciergerie.

André ! c'est moi ! mon frère !
Viens, accours ; m'entends-tu ? Viens, viens trouver mon
Où donc est-il ? — André ! [père.

HOCHE

(Vivement et lui montrant la jeune captive.)

Silence !

MARIE-JOSEPH

(Avec une terreur toujours croissante.)

André Chénier !

(Interrogeant des yeux les captifs, et leur saisissant les bras.)

Il est là, n'est-ce pas ? Il est là prisonnier ?...

(A Hoche).

Oh! vous ne l'avez pas laissé partir !

HOCHE

Arrête !

MARIE-JOSEPH

Ils l'ont tué !... Mon Dieu !... c'est la dernière tête
Qu'a prise l'échafaud...

LA JEUNE CAPTIVE

(Retombant de tout son poids.)

Qui me soutient ainsi ?

HOCHE

Votre ami, votre frère !

LA JEUNE CAPTIVE

(Avec un souvenir expressif.)

Oh ! je suis libre aussi !
— Pourquoi me relever ? Non ! laissez-moi, de grâce,
Laissez-moi, car je veux mourir à cette place.

HOCHE

J'ai juré de veiller, moi, sur votre avenir,
C'est un serment sacré...

LA JEUNE CAPTIVE

Vous vouliez le tenir...
Il le saura... Je vais le lui dire... Adieu...

(Elle retombe sur le bras de Hoche, qui est à genoux près d'elle.)

HOCHE

Morte !
Lorsque la liberté frappait à cette porte...
Ils s'aimaient, et le Ciel devait les réunir ;
Mais pourquoi le tombeau... quand brillait l'avenir ?

Le drame d'*André Chénier* avait été terminé au mois d'avril 1840. Julien Dallière avait alors vingt-huit ans : quatre années allaient s'écouler au milieu de tentatives et de soucis sans nombre, avant que le jeune auteur pût parvenir à faire représenter sa pièce. Il faut bien le reconnaître : rien n'était moins facile que de faire passer l'œuvre inconnue du tiroir d'un professeur de province sur l'une des grandes scènes littéraires de Paris. — le Théâtre-Français ou l'Odéon.

Dallière songeait tout naturellement à solliciter l'appui de Geffroy, alors pensionnaire de la Comédie-

Française et qui avait été, en même temps que lui, élève du lycée d'Angers : mais, à cette époque, ils ne s'étaient pas connus : Geffroy était plus âgé que Dallière, et, par conséquent, dans une autre classe : Geffroy était interne et Dallière externe : à peine s'étaient-ils entrevus.

Un ami commun se chargea d'établir entre eux les premières relations qui ne s'étaient pas formées pendant leurs années d'adolescence : il remit à Geffroy, le drame manuscrit d'*André Chénier*, en le priant de l'examiner.

Il était impossible de choisir un meilleur juge : M. Geffroy possède une sûreté de sens critique poussée à un rare degré, et il y joint une franchise qu'Alceste lui envierait : heureusement, dans le cas présent, il n'avait pas à prononcer la condamnation d'Oronte. Loin de là ! il se déclara hautement en faveur de l'œuvre qui lui était soumise. Avec son expérience de la scène, il indiqua seulement quelques légères retouches qui furent exécutées par l'auteur plein de gratitude et déjà plein d'espoir. Bientôt, Julien Dallière fit un voyage à Paris : alors, entre le grand comédien et le poète commencèrent des relations d'étroite amitié qui durèrent quarante-sept années, et qui, lorsque la mort les brisa, laissèrent à Geffroy d'inconsolables regrets.

L'éminent artiste voulait qu'*André Chénier* fût joué sur le Théâtre-Français, et il réclamait le privilège de remplir le principal rôle. Il sollicita et obtint, pour l'œuvre de son ami, une audition devant le Comité de lecture. La pièce fut entendue, jugée et *reçue à corrections.* Geffroy ne dissimula pas au poète que cette formule de réception impliquait un ajournement peut-être indéfini.

Les mauvaises dispositions du Comité avaient été préparées par un rapport préliminaire de l'*Examinateur* de la Comédie, — un étonnant réquisitoire qui mérite vraiment d'être conservé.

« Ce drame, disait le rapport de M. l'Examinateur près le Théâtre-Français, est plein de vers aussi énergiques que chaleureux, dont nous nous plaisons à féliciter l'auteur, en *regrettant qu'il n'ait point employé son talent à traiter un sujet plus scénique.*

« Cette composition est plutôt un tableau qu'une œuvre dramatique, plus propre à *contrister l'âme qu'à l'émouvoir ;* les personnages n'agissent point ; ils sont dans un état continuel de passibilité qui laisserait le spectateur *dans une mélancolie trop voisine de la monotonie.*

« Encore une fois, point de succès certain au théâtre si l'émotion ne jaillit point de l'auditoire. »

Vraiment, il est permis de se demander ce qu'il y a de plus bizarre dans ce jugement, l'étrangeté du fond ou la forme plus étrange encore du style ? Pauvre jeune poète ! Rêver la gloire sur la première scène du monde et se voir ainsi exécuté par une sentence rédigée en pareil jargon ! Il y avait de quoi décourager pour jamais l'écrivain : Dallière ne désespéra pas : il se remit à commenter la grammaire de Lhomond à ses écoliers, tandis que Geffroy lui promettait qu'*André Chénier* aurait sa revanche : c'était l'éventualité d'un meilleur accueil auprès du théâtre de l'Odéon.

Après une année d'attente, la pièce fut lue au Comité du second Théâtre-Français. L'Odéon avait alors pour directeur Lireux, qui, dès le premier jour, et de parti pris — (par des raisons politiques surtout) — s'était refusé à entendre parler d'*André Chénier*.

Des influences diverses, dont Julien Dallière garda toujours le plus reconnaissant souvenir, agirent sur l'intraitable directeur. M. Eugène Janvier, député bien connu sous le règne de Louis-Philippe ; Mme Janvier (en littérature *A. Gennevraye*) ; M. Perrot, directeur au ministère de l'Intérieur, qui épousa Mme Janvier, quand elle fut devenue veuve ; le comte Emmanuel de Las-Cases, qui, presque enfant, avait suivi à Sainte-Hélène son père, l'auteur du *Mémorial ;* M. Antoine de Latour, un aimable poète de l'école Lamartinienne, ancien précepteur du duc de Montpensier et resté attaché à lui comme secrétaire intime : Goulet, camarade de classe de Dallière, secrétaire de la rédaction du *Siècle ;* Camille Doucet, alors débutant, mais débutant applaudi dans la littérature dramatique ; Armand

Durantin, le futur auteur d'*Héloïse Paranquet*; Louis Monrose, administrateur de l'Odéon, et, en cette qualité associé de Lireux, toute une élite d'amis dévoués parvinrent enfin à obtenir que la pièce fût acceptée.

Lireux avait cédé en apparence; mais il se promit d'empêcher la représentation par tous les moyens possibles. Ce fut, pendant deux années et demie, une lutte continuelle entre lui et l'auteur d'*André Chénier*. Il résista, plusieurs mois, avant de laisser commencer les répétitions : ne sachant plus comment se dérober, il finit par déclarer que, certainement, il jouerait la pièce puisqu'il y était obligé, mais qu'elle n'était pas jouable en trois actes et que l'auteur devait la réduire à deux.

On cacha d'abord à Dallière, retenu à Angers, cette nouvelle vexation; M. Armand Durantin et M. Camille Doucet firent subir à la pièce les coupures exigées par Lireux : lorsque ce travail fut fait, ils écrivirent à Dallière pour lui demander de ratifier cette amputation : le coup fut rude, comme on le pense bien; mais mieux valait encore être mutilé que d'être enterré : et il fut convenu qu'*André Chénier* serait joué en deux actes.

C'est ainsi que la pièce entra en répétition après une nouvelle année d'attente. Alors, brusque changement : Lireux assiste à une répétition :

— « Cette pièce, s'écrie-t-il, est inadmissible à la scène en deux actes : elle devrait en avoir trois !

— « Certainement ! mais, c'est vous qui avez fait couper un acte ! répondent les artistes, nous allons le rétablir ! »

Lireux se sentait pris de tous côtés : il laissa répéter la pièce en trois actes, c'est-à-dire telle qu'elle avait été primitivement écrite par le poète.

Les acteurs avaient pris leurs rôles à cœur : le personnage d'André Chénier était confié à Bouchet ; Félix, qui depuis a rempli une carrière si brillante au Vaudeville et au Gymnase, tenait le rôle de Marie-Joseph Chénier : Salignac-Fénelon était interprété par Rouvière ; la *jeune captive* était une gracieuse artiste, Mlle Émilie Volet. Sa destinée à elle-même devait être pure, touchante et triste, comme celle de l'héroïne du drame d'*André Chénier* : elle ne fit que traverser la carrière dramatique : sage, charmante, elle épousa bientôt un préfet de l'Aube, et, elle mourut peu de temps après son mariage, à Troyes, où elle était universellement respectée.

Le jour de la première représentation, 27 décembre 1844, était arrivé : l'auteur d'*André Chénier* croyait n'avoir plus à compter qu'avec le jugement du public : il lui fallait encore compter avec le mauvais vouloir de Lireux.

Deux heures avant le lever du rideau, Dallière s'était rendu à l'Odéon avec son ami Armand Durantin : déjà les acteurs étaient à leurs loges, quand on accourt dire que la direction n'a pas pensé aux costumes des personnages secondaires et de la figuration... Les premiers rôles seuls sont habillés !

A ce moment, Lireux arrive : le poète, à demi-fou de colère, se précipite vers lui et lui demande ce que cela signifie ? Lireux déclare ne rien savoir des causes de cet incident sans exemple, peut-être, sur aucun théâtre, et il se tord de rire à l'idée qu'une partie des acteurs paraîtra sur la scène en costumes de 1794, tandis que l'autre portera les habits de ville de 1844.

Peu s'en fallut qu'entre l'auteur si impertinemment traité et le directeur coupable d'une pareille trahison, les choses ne tournassent au tragique : Dallière eut cependant assez de bon sens pous aviser au plus pressé : brusquement, il quitte Lireux, qui rit toujours, saute dans une voiture, court chez un costumier du Palais-Royal, loue à ses frais un lot d'habits du dix-huitième siècle qu'il fait empiler dans deux fiacres, et revient à l'Odéon, où les acteurs ont juste le temps de se vêtir avant que les trois coups soient frappés.

Enfin le rideau se lève : la représentation d'*André Chénier* est commencée : elle fut un triomphe !

Que se passe-t-il dans le cœur d'un jeune poète, ignoré il y a quelques heures, et qui, subitement savoure cette ivresse des applaudissements et des acclamations de la foule ?

« Les premiers feux de l'aurore, a dit Vauvenargues, sont moins doux que les premiers rayons de la gloire ; » — il est un autre spectacle doux et beau, c'est celui de ces premiers rayons de la gloire dans une âme jeune et limpide.

Cette splendeur de joie, de fierté intime, qui rayonne et révèle un cœur tout entier, nous la trouvons dans une lettre que Julien Dallière écrivit à son père et à sa mère le lendemain de la première représentation de sa pièce.

Paris, ce jeudi matin, 28 *décembre.*

Mes bien chers parents,

Mettez une belle couronne de laurier sur le buste de mon André Chénier ; mon poète chéri vient de me faire obtenir un des plus beaux triomphes qu'il soit possible d'avoir au théâtre ; il ne manquait hier soir à mon bonheur que votre présence, mes chers parents : combien je regrette que vous n'ayez pas été témoins de tous les bravos que l'on a prodigués à votre Julien ! Le succès a été enlevé, pas un mot, pas un signe d'improbation ; de toutes les parties de la salle les applaudissements éclataient à la fois. Je ne vous dirai pas que je n'étais pas ému, mais franchement j'avais un peu d'espoir ; cependant j'étais loin de m'attendre qu'on accueillerait ma pauvre petite pièce avec un pareil enthousiasme. J'étais dans la coulisse pendant le premier acte. J'attendais avec anxiété ; le public écoutait avec un religieux silence ; la salle était pleine, les deux loges royales étaient au complet. MM. Janvier et David (1) s'étaient empressés de venir assister à ce début d'un compatriote. Bouchet qui s'était habilement donné la belle figure d'André Chénier a, le premier, soulevé toute la salle dès sa deuxième scène, puis est venu le tour de Hoche, puis celui de Mlle Volet qui a été charmante et vivement applaudie. Mon vieux prêtre a fait une sensation profonde et a été applaudi deux fois dans un rôle de quatorze vers; mais la salle a crié bravo pendant plusieurs minutes, quand *le général Hoche* se tournant vers le parterre a jeté énergiquement ces trois vers au public :

. . . .

La Terreur se promène et fait ombre à la gloire !
— Levez-vous, citoyens, renversez sous vos pas
Ces échafauds sanglants... la France n'en veut pas !

En entendant ces cris prolongés, mes chers parents, je pensais à vous, et je pleurais de joie en songeant que ces applaudissements auraient un écho dans le cœur de mon père et de ma mère. Le premier acte fini au milieu de tant d'applaudissements, je me hasardai bravement à voir ma pièce en face, je courus me mettre dans une loge. Le deuxième acte commence et finit absolument comme le premier, tout le monde pleurait et applaudissait à outrance : il y eut un repos de quelques instants avant le troisième acte et déjà tout le monde venait me complimenter, le succès était fait, me disait-on, mais je n'étais pas encore complètement rassuré. Bouchet est bientôt venu finir mes inquiétudes; il a été vraiment sublime en sortant du tribunal, et quand il a quitté la scène pour aller à l'échafaud, il

(1) Le statuaire David (d'Angers).

a soulevé les bravos de la salle entière pendant plusieurs minutes : il pleurait lui-même véritablement. — On a demandé l'auteur à grands cris, alors Bouchet est revenu, on l'accueille par trois salves d'applaudissements, puis il se fait un grand silence, on attend; quel beau moment! Mon cher père et ma chère mère ! que n'étiez-vous là pour entendre M. Bouchet dire avec la plus profonde émotion : « Messieurs, l'ouvrage que nous « avons eu l'honneur de vous faire entendre est de « M. Julien Dallière! » Alors les bravos ont recommencé, puis sont venues les félicitations, tout le monde m'embrassait, j'embrassais tout le monde. Lireux me fait bonne mine à présent ! Une foule d'Angevins sont venus me demander à la porte du théâtre, il a fallu absolument que je descende; je l'ai fait avec bien du bonheur, leurs vives sympathies m'ont touché jusqu'aux larmes. — Je voudrais bien instruire mes amis de mon succès, cependant je n'ose trop vous prier de communiquer ma lettre, quoiqu'elle ne soit que la reproduction exacte de ce qui s'est passé : on pourrait peut-être croire à de la vanité de ma part quand il n'y a que du bonheur, il est si doux de se voir aimé ! et on m'aimait hier soir, je vous assure. Je n'en serai pas plus fier au moins. Je ne m'abuse pas du reste, je vois bien les défauts de ma pièce, qui est loin d'être un chef-d'œuvre, la critique de messieurs les journaux aura bien soin de m'en faire souvenir, si je l'avais oublié. — Ce matin les bouquets pleuvent chez moi. — On donne ce soir la deuxième représentation d'*André Chénier*. J'y assisterai encore et puis je m'en retournerai me reposer de mes fatigues et de mes émotions, auprès de vous et des quelques amis que j'ai dans ma bonne ville d'Angers. — Montrez cependant ma lettre à MM. Berger, Sorin et Mézières, ils excuseront ce qu'elle a de trop laudatif en songeant que je parlais à mon père et à ma mère, qui sans doute étaient bien inquiets de l'issue du combat.

Je vous embrasse bien tendrement.

Julien Dallière.

« Je vois bien les défauts de ma pièce, » dit Dallière dans sa lettre : si je les oubliais, la critique de « messieurs les journaux » aurait bien soin de m'en faire souvenir.

Non : *Messieurs les journaux*, en usant de leur droit d'appréciation, ratifièrent de bonne grâce le jugement spontané du public de l'Odéon. Un écrivain républicain, Eugène Pelletan, fut l'un des plus ardents à proclamer dans son feuilleton le succès de Julien Dallière.

« Le jeune dramaturge, écrivit-il, s'est attaché à nous faire connaître la grande âme du jeune poète, ses nobles qualités de cœur, afin qu'en voyant le dernier coup de la hache révolutionnaire tomber sur cette tête touchée par le doigt de Dieu, illuminée par l'étoile mystique des poètes, notre âme fût plus religieusement et plus profondément attendrie. Nous mesurons nos larmes, non pas à l'horreur de la catastrophe, mais à la sainteté des victimes.

« Sans se demander s'il était théoriquement utile qu'une mer de sang se refermât derrière les pas de la Révolution pour engloutir les privilèges qui poursuivaient la liberté, on peut toujours dire qu'André Chénier fut le martyr d'une cause qu'il avait le premier défendue.

« Par un contre-sens odieux et trop fréquent, il aimait la liberté et il périssait par elle et pour elle. Il périssait sur le seuil de deux révolutions : l'une politique, l'autre littéraire, au commencement d'une œuvre confuse et indéterminée, à une heure douteuse, où le soleil est encore dans un hémisphère, tandis que les rayons sont dans l'autre...

« Nous nous sentons attirés vers cette âme mystérieuse cruellement renvoyée au ciel, et qui a remporté vers Dieu les dernières strophes d'un hymne commencé sur la terre.

« On voit que M. Julien Dallière s'est largement identifié par la sympathie au poète de la Révolution.

« C'est un homme de cœur assurément qui a composé cette tragédie. La scène entre le père et les deux frères indique une âme qui sent vivement les saines émotions. Vous avez touché la véritable corde, jeune homme ! C'est là, et là seulement que repose le secret du grand art. Être noblement ému, c'est posséder la puissance d'émouvoir les autres.

« L'habileté mécanique du théâtre viendra toujours, quand on est un peu échauffé de la divine chaleur. »

L'éloge le plus complet, et aussi le plus ingénieux

de l'œuvre de Julien Dallière vint de Jules Janin, dans son feuilleton du *Journal des Débats*.

Cette page est à garder, non seulement comme un titre flatteur pour le souvenir de l'auteur d'*André Chénier*, mais comme une chose délicate et fine sortie de la plume de Jules Janin, enfin comme une bonne et spirituelle leçon dont beaucoup de jeunes gens peuvent faire leur profit.

« Je vis entrer avant-hier, dit Janin, d'un pas si modeste! un tout petit jeune homme; il était vêtu de cet habit trop court, — robe d'innocence, — le premier habit de la jeunesse, — que l'on n'use qu'une fois dans sa vie. — La pauvreté et l'esprit, la noble pauvreté, l'esprit jeune, aussi beau que l'espérance, éclataient dans toute sa personne. C'est si beau à voir un tout jeune homme bien naïf, bien inspiré, honnête, modeste, et qui ne sait pas encore si en effet, il est homme de talent! Une fois entré, une fois à l'aise avec son juge féroce, il me conta qu'il avait l'honneur d'enseigner la grammaire latine aux plus jeunes écoliers du collège d'Angers, que lui-même il était Angevin de pure race, et qu'il était venu, à tout hasard, de son collège à Paris, apportant avec lui l'heureux bagage de la vingtième année, — cet habit trop court, — et une tragédie un peu longue, — peu d'argent et beaucoup de vers, — peu d'ambition et de vastes espérances, — peu de science et beaucoup d'étude. Si vous saviez combien il était éloquent, parlant ainsi, et comme je le trouvais heureux d'être si jeune, si modeste, si content de sa chaire, où ses plus beaux jours sont remplis par quelques fables de Phèdre, lorsque Phèdre, un véritable écrivain, remplace enfin la phrase peu latine du *De viris illustribus Romæ !*

« En tout ceci, une seule inquiétude troublait ma joie ; il me semblait qu'en fin de compte, le bon jeune homme allait tirer, de sa poche remplie, cet inévitable premier recueil d'élégies dans lesquelles tout jeune homme, à peine au monde, célèbre à sa façon les tristesses de son âme, les douleurs de sa vie incomprise, poésie toute empreinte de cette mélancolie stérile, de ces harmonies fugitives, de ces méditations incertaines avec lesquelles la jeunesse compose son bagage poétique. — Ah ! pensai-je en moi-même, en voilà encore un qui se perd, en voilà un qui va dire adieu à la vie réelle, pour courir après l'idéal ! J'étais prêt à fermer les yeux pour ne pas voir, orné de sa faveur rose ou bleue, le mélancolique recueil.

« Cette fois, Dieu merci ! j'étais loin de mon compte. Non, je n'ai pas eu affaire à des vers mélancoliques, à des poésies fugitives, aux rêves du printemps, aux malédictions des abandonnés. Tout jeune qu'il est, notre poète nouvellement éclos est un esprit sérieux : il sait la valeur du pain quotidien péniblement gagné ; il entoure de son obéissance et de ses respects le noble métier qui le fait vivre ; il se croit grand parmi les humbles, riche parmi les pauvres, et même la poésie, son art, sa passion, il la regarde marcher devant lui éclatante, parée, éloquente, sans avoir envie de la suivre plus loin que le seuil de cette classe obscure où il apprend lui-même ce qu'il enseigne à ses disciples. Brave et digne jeune homme, et que sa destinée sera belle s'il résiste ainsi toujours aux enivrements de son esprit !

« Venu à Paris de si loin, tout seul, en si belle compagnie, avec un drame, enfant de ses rêves, c'est prendre, à coup sûr, le beau chemin, mais pour que le chemin soit beau jusqu'au bout, il ne faut pas avoir brûlé ses vaisseaux. Qui que tu sois, jeune homme, qui marches à la conquête de l'avenir, je t'approuve et je te loue, mais à condition que tu n'auras pas renoncé au travail rude et sérieux. Or c'est là malheureusement la grande faute de tous ces jeunes conquérants : avant de quitter le toit natal, ils s'arrangent pour n'y plus revenir ; ils mettent le feu à l'humble chaume qui les abrite, tant ils sont sûrs d'habiter des palais sur les bords de la Seine ! Ils disent adieu à leur vieille mère, comme s'ils ne devaient pas la revoir : ils secouent d'un pied dédaigneux la poussière de leur village, comme s'ils n'y devaient pas revenir. Voyez-les partir, le monde est à eux. Voyez-les marcher, ils suivent une étoile invisible ! Plus d'un même, en passant sous l'Arc-de-Triomphe, baisse la tête, tant ils ont peur de se briser le front à ces hauteurs inaccessibles. Enfants! la foule en rit, moi je les plains. — Ce rêve doré, la réalité en fait justice. Ce poème inconnu, qui devait éclater dans l'univers comme le météore dans le ciel, pas un n'y veut jeter un coup d'œil! Alors, dans son désespoir, le malheureux chercheur de nouveaux mondes cherche d'un regard éperdu ce qu'il va devenir. C'en est fait. sa fortune poétique sera brisée au premier choc, il s'est fermé à lui-même toute retraite; les chemins qu'il a parcourus avec tant d'orgueil sont pour lui des chemins sans retour. Que va-t-il devenir maintenant que l'abîme s'est refermé sur lui-même et sur sa poésie? Il me semble que j'ai là, sous les yeux, le *Petit Poucet* des Contes de Fées, quand, voulant retrouver le chemin qui conduit à la maison paternelle, il ne trouve plus les mies de pain qu'il avait semées sur la route. — Le pain a été dévoré par les oiseaux du ciel.

« La tragédie de ce nouveau venu, cet *André Chénier*, qu'attend l'échafaud, était plus que tout autre tragédie une œuvre impossible, par les raisons que nous avons dites plusieurs fois. *André Chénier*, le héros de la poésie moderne, le poète étudié de nos jours par tous les jeunes esprits, est en effet le héros du drame de M. Dallière; — histoire trop vraie, meurtre sans rémission, boucherie d'un intérêt vulgaire dans ces funestes époques qu'il faut abandonner aux Suétone, aux Tacite, aux Juvénal de l'avenir. Aussi quand l'enfant dont je parle eut prononcé ce nom-là, *André Chénier*, à peine si on daigna prêter quelque oreille distraite à cette élégie en trois actes. Le drame était connu à l'avance : Chénier, Mlle de Coigny, la Conciergerie, les guichetiers, les juges, le tombereau fatal, et enfin le bourreau. Il n'y a pas d'autre drame, pas d'autre péripétie, pas d'autre dénouement. L'espérance même, l'espérance du poète qui arrange à sa façon le fait historique, qui en dispose à son gré et en maître tout-puissant, serait nulle dans un pareil sujet. Voilà ce qu'on avait dit d'abord à ce nouveau venu : il se battait sans aucune chance de succès contre une bête féroce ; il déclamait contre des crimes accomplis ; il voulait prouver une vérité démontrée sur toutes les places de Grève, écrite dans le sang en caractères ineffaçables, à savoir que les révolutions stupides n'épargnent personne, non pas même les poètes que respectaient les plus féroces envahisseurs. Ainsi il fut accueilli, ainsi fut écoutée son humble élégie. Ceci dit, il n'avait plus qu'à reprendre le chemin de son école et à chercher dans le silence de ses jours de congé quelque autre héros moins sacrifié.

« Telle est cependant la sécurité que doit donner aux jeunes gens la conscience d'une situation honorable, conservée en dehors de l'œuvre poétique, que notre Angevin ne fut pas découragé tout d'abord comme il l'eût été, si, après son *André Chénier*, il ne s'était pas senti une autre ressource. Mais quoi ! sa petite école lui restait ouverte, son humble chaire il devait la revoir, ses jeunes disciples sauront à peine ce qu'il est venu chercher à Paris, et justement parce que, en fin de compte, il devait retrouver tout le bonheur qu'il a laissé là-bas, le bon jeune homme a gardé son courage; il a frappé d'une main sûre quoique modeste à la porte du Théâtre-Français. La porte, impitoyable, n'a pas daigné s'ouvrir, alors restait la porte de l'Odéon toute grande ouverte. Il y a déjà de cela huit jours... Huit jours d'applaudissements unanimes, d'émotion, d'intérêt, de louanges! huit jours tout autant! huit grands jours!

« Vous ne sauriez croire en effet toute la grâce et toute l'ingénuité de cette composition innocente et calme et combien elle a remué doucement ce turbulent parterre indomptable, indompté, plein de caprices, déjà blasé par toutes les violences de la presse et du théâtre, de la politique et de la poésie. Rien n'est plus simple cependant et plus naïf que ce petit drame élégiaque; mais la naïveté réussit quelquefois quand elle est vraie.

. . . .

« Le jeune poète d'Angers est parti pour retourner au plus tôt à son travail de chaque jour. Chemin faisant, il aura rêvé aux joies du théâtre: voir marcher son œuvre, entendre parler ses héros, prêter l'oreille à sa propre pensée, suivre de loin le comédien qui parle et l'auditeur qui écoute, puis enfin les larmes qui roulent dans les yeux des femmes, les applaudissements tombés de la main des hommes, quelle joie !

« Avoir fait de son nom inconnu un nom presque célèbre, quelle gloire ! Ainsi il marche. Plus il avance, et plus il pense à l'admiration de sa mère, au bonheur de ses amis, au contentement du lieu natal.

« Enfin voilà l'enfant prodigue qui est de retour ! c'est lui ! on bat des mains ! Lui, cependant, il est déjà dans sa chaire, et laissant là le bruit et la gloire, il revient avec orgueil à son humble travail. Heureux jeune homme, il n'a vu que le beau côté du métier, il n'a cueilli que la fleur de l'arbuste, il a été grand un jour pour redevenir modeste et caché le reste de sa vie.

« Et voilà comment il faut être, un poète à ses heures, quand le pain est gagné, quand le maître est content, quand le devoir est accompli.

« J. J. »

Le feuilleton de Jules Janin porte bien la marque de son auteur, et il est de la bonne marque. Pourtant quelques réserves sont nécessaires pour ramener cette spirituelle fantaisie à l'exacte réalité.

Janin a fait un portrait imaginaire en montrant le *tout petit jeune homme* timide, à l'*habit trop court*, avec la *noble pauvreté éclatant dans toute sa personne*. Cette esquisse est fausse de tout point : Julien Dallière, quand il se présentait chez Janin n'était plus un *tout petit jeune homme*, puisqu'il avait trente-deux ans : sa tenue était celle de l'homme du monde le plus correct, et, Dieu merci ! il ignorait la pauvreté des Gilbert, des Malfilâtre, des Hégésippe Moreau : il jouissait de la très réelle aisance de ses parents avec lesquels il vivait : il avait son traitement de professeur de l'Université, auquel se joignaient les ressources que lui apportaient de nombreuses leçons particulières. Le portrait tracé par Jules Janin est donc encore complètement faux sur ce point : ce qui est vrai, et ce qui a pu aider Janin à se tromper, avec l'aide de son imagination, c'est la modestie extrême de Julien Dallière et cette prudence de caractère qui devait plaire au critique un peu bourgeois du *Journal des Débats* : le poète d'*André Chénier* chantait comme la cigale, mais il conduisait les choses terre à terre de la vie, avec la sagesse de la fourmi.

La poésie doit-elle perdre ou gagner à ce contact avec le bon sens et la prudence ? La question n'est pas neuve, et il serait bien difficile de prononcer une affirmation absolue. L'écrivain ne parvient à la plénitude de son talent qu'après avoir subi une série d'impressions, venues du dehors, dont les vibrations retentissent ensuite dans ses œuvres ; — mais, ces impressions n'ont pas besoin d'être toutes violentes ou tourmentées pour se traduire en notes profondes, émues et puissantes dans la prose ou dans les vers : dès lors, qui oserait soutenir qu'une vie passée dans la famille, dans les relations d'amitiés choisies, dans une profession intelligente et honorable et dans l'étude calme, est moins favorable à l'inspiration que la vie secouée de passions, d'ambitions et des multiples accidents qui en sont les conséquences ?...

On ne saurait trop être un sage ; mais il faut peut-être prendre garde d'être trop complètement un sage, — j'entends au point de vue purement littéraire, et non au point de vue moral. Il y a une sorte de prévision inquiétante, pour l'avenir de Julien Dallière, dans l'article de Jules Janin : « Heureux jeune homme !... Il n'a cueilli que la fleur de l'arbuste, il a été grand un jour, pour redevenir modeste et caché le reste de sa vie. »

Ne dirait-on pas que l'aimable critique qui vient, comme la bonne fée, de présider à ce baptême de gloire, donne, pour finir, à son filleul ce mauvais coup de baguette de la fée maligne et grondeuse qui apparaît, en trouble-fête au dessert du banquet : « *Grand un jour et caché le reste de sa vie ;* » le mot est bien un peu cruel : il n'est pas absolument faux.

Oui, Julien Dallière fut et voulut être caché, durant toute son existence d'homme : son existence littéraire a subi la pénombre de cette éclipse systématique. Faire des vers aux instants de loisir, entre deux classes de collège, et, plus tard, dans la paix d'un poste de bibliothécaire à la Sorbonne; enfin, les années venant, sous les ombrages d'un petit jardin, où l'on cause avec de vieux et bons amis; — Dallière comprit ainsi la vie poétique : ce n'est pas la plus mauvaise façon de la comprendre; mais, comme résultat, pour le bruit fait à travers le monde, il y a un peu loin de là au *Pèlerinage de Child-Harold* ou même à la promenade d'un chroniqueur, qui récolte les menus faits et les menus propos du boulevard.

CHAPITRE III

Le drame de *Napoléon et Joséphine*. — Pièce reçue au Théâtre-Français. — Évolution de Mlle Rachel. — Procès en perspective. — *Napoléon et Joséphine* à l'Ambigu en 1848. — Analyse de la pièce — Jugements de la presse.

Après le grand succès d'*André Chénier*, Julien Dallière resta ce jeune sage qui avait charmé Jules Janin : il revint à sa classe, à la grammaire de Lhomond, aux *Fables* de Phèdre, à toute la besogne courante du lycée : mais non sans arrière-pensée, cela va sans dire : celui qui a remporté une telle victoire veut que cette victoire ait des lendemains.

Tout en demeurant professeur par raison, et en étant professeur avec conscience, Dallière se borna à demander à l'Université cette sécurité matérielle de l'existence qui laisse à l'esprit tout son calme et toute son indépendance : il mettait une sorte de coquetterie à déclarer qu'il n'avait qu'une ambition universitaire, rester toute sa vie dans sa chaire de sixième, comme Lhomond.

Il se refusa, malgré les instances de ses collègues, à prendre les grades qui auraient pu le conduire aux postes les plus élevés de l'enseignement : ce fut une faute grave, dont sa fortune poétique se ressentit plus qu'il ne le crut lui-même. Ces grades qu'il dédaignait trop légèrement l'eussent conduit en peu d'années à l'enseignement dans les lycées de Paris : là, ses relations se fussent étendues ; il se fût mêlé forcément au grand courant du monde littéraire ; il n'eût peut-être pas élevé le niveau de son talent : mais il eût été stimulé par les impressions de chaque jour, il eût produit davantage et son nom eût forcément acquis une notoriété méritée qui lui a trop fait défaut.

Ce fut encore à l'histoire moderne que Julien Dallière demanda l'inspiration d'un nouveau drame : le sujet qu'il avait choisi, dénotait une audace bien voisine de la témérité. Si de vives objections s'étaient élevées contre une pièce faite seulement avec la fin tragique d'André Chénier, des objections plus vives encore se soulevèrent contre une pièce ayant pour unique intérêt le divorce de Napoléon et de l'impératrice Joséphine.

Aborder un tel sujet, en effet, c'était provoquer de bien redoutables comparaisons, — qui ne manquèrent pas, — avec l'un des chefs-d'œuvre de Racine, *Bérénice* : c'était enfin, s'imposer la tâche presque impossible, semblait-il, de faire parler en vers Napoléon, un personnage presque tout contemporain, dont la voix semblait vibrer encore et dont le langage était dans toutes les mémoires.

Toutes ces objections étaient plus spécieuses que réelles : sans doute, à première vue, il existe une certaine analogie entre la situation de Napoléon se décidant à rompre son mariage avec Joséphine, et celle de Titus renvoyant Bérénice qu'il aimait et qu'il eût voulu épouser. Mais, quelles différences aussi ! La tragédie de *Bérénice* par Racine n'est autre chose, tout le monde le sait, que la mise en scène des amours de Louis XIV avec Marie de Mancini.

Titus renvoyant Bérénice qu'il aime ou Louis XIV renvoyant Marie de Mancini, pour obéir à toute la rigueur des exigences de leur dignité souveraine, font un acte de douloureux héroïsme : ils doivent nécessairement sortir d'un pareil sacrifice agrandis et non diminués.

Bérénice ou Marie de Mancini, après ce déchirement du cœur, ont encore devant elles leur jeunesse, leur beauté, l'avenir : l'amour les a blessées mais non brisées à jamais sous la tempête d'un jour.

La situation de Napoléon est toute autre que celle de Titus ou de Louis XIV ; la situation de Joséphine toute autre que celle de Bérénice ou de Marie de Mancini.

Sous l'arrêt de l'histoire, la répudiation de Joséphine serait l'acte le plus odieux de Napoléon, si cet acte n'avait été dépassé par un autre crime. — le meurtre du duc d'Enghien.

Dans un cas, comme dans l'autre, Napoléon obéit au même principe : la froide et implacable *raison d'état*. En 1804, — par politique, il assassine l'arrière-petit-fils du grand Condé : en 1809, — par politique, il sacrifie Joséphine, cette femme qu'il a tant aimée, aux heures les plus glorieuses de sa jeunesse et à laquelle il a dû le premier rayon de sa fortune : n'est-ce pas Joséphine qui lui a donné le commandement de l'armée d'Italie ? N'est-ce pas elle qui lui a ouvert ainsi le chemin de Lodi, de La Favorite et de Rivoli ?

Napoléon sentait bien ce qu'il devait à cette femme, quand il la couronnait de sa main sous les voûtes de Notre-Dame. Joséphine, devenue impératrice, fut la seule personne qui pût encore faire parvenir au glorieux despote quelques sages conseils ; elle seule l'eût peut-être protégé contre une catastrophe inévitable pour lui et pour la France : — et c'est cette femme qu'il allait renvoyer de son foyer, de son palais, sous un ambitieux prétexte d'intérêt dynastique ! La conscience publique se soulevait en France contre un tel défi jeté à la morale, à la justice, à l'intérêt même de la nation.

Certes, montrer Napoléon à un tel moment de sa vie, c'est s'exposer à le faire voir sous un aspect bien défavorable à sa gloire, et, jusqu'à un certain point, mêlé de ridicule : la question d'état touche vraiment de trop près, dans cette occasion, à certaines questions de ménage et d'intimité.

Eh bien ! non : malgré les préventions qu'on peut avoir contre un pareil sujet présenté sur le théâtre. Napoléon peut apparaître dans le drame de son divorce sans tomber dans l'odieux, sans être effleuré par le ridicule ; — mais, quel art il faudra employer pour arriver à ce résultat, ou plutôt quelle sincérité dans l'explosion franche et chaleureuse des sentiments du cœur !

A Sainte-Hélène, Napoléon, parlant de cette soirée du 30 novembre 1809, dans laquelle il se décida à faire lui-même part à Joséphine d'une décision qu'elle ne prévoyait que trop, s'est écrié : « Quelle scène dans une tragédie ! »

Napoléon voyait juste, quand il laissait échapper cette exclamation : il voyait avec cette sûreté de coup d'œil qui lui faisait si bien comprendre les œuvres de Corneille : mais il ne disait pas assez. Ce n'est pas seulement une scène de tragédie qui était dans l'acte de son divorce : c'était une tragédie tout entière. Napoléon ne rappelait, dans sa mémoire, que l'acte isolé du 30 novembre : l'histoire et la poésie évoquent autre chose, — toutes les pensées, toutes les luttes secrètes qui ont préparé l'explosion de cette crise déchirante, où le cœur de l'Empereur et le cœur de Joséphine devaient se rencontrer une dernière fois dans une étreinte suprême de douleur et d'amour.

La situation sera sauvée au théâtre, si l'on sent bien, qu'en obéissant à la raison d'état, Napoléon sacrifie ses sentiments les plus chers, les plus sacrés, et, qu'il n'ira jusqu'au bout du sacrifice, qu'autant qu'il sera soutenu par l'abnégation de Joséphine elle-même. Voilà comment il faut comprendre ce sujet pour le rendre possible et acceptable sur la scène.

A vrai dire, et avec des différences extrêmes, c'est moins dans *Bérénice* qu'il faudrait chercher certains rapprochements avec le drame de *Napoléon et Joséphine*, que dans *Polyeucte* brisant son amour pour *Pauline* : est-il nécessaire d'ajouter que toute assimilation un peu prolongée entre des situations dramatiques si diverses serait absolument paradoxale et déplacée? Le seul point, sur lequel il convient d'insister, est la possibilité de faire un drame réellement scénique avec ce sujet trop simple et trop hasardeux en apparence, — le divorce de Napoléon : Julien Dallière l'a fait.

Si l'idée primordiale de *Napoléon et Joséphine* est bien réellement une idée tragique, pourquoi dès lors n'oserait-on pas faire parler Napoléon dans la langue tragique, qui est la langue en vers?

Était-ce donc là, d'ailleurs, une si grande audace, et, n'avait-elle pas des précédents qui pussent la justifier ? Béranger n'avait-il pas fait parler en vers les héros de l'Empire et Napoléon lui-même ? Pourquoi donc cette prétendue hardiesse que s'était permise le poète du *Cinq Mai* et des *Souvenirs du Peuple* aurait-elle été interdite à un poète dramatique ?

Ce fut au Théâtre-Français que Julien Dallière présenta son nouveau drame : « On écouta, raconte un éminent critique, Edouard Thierry, qui devait être un jour directeur de ce même théâtre : on écouta, on pleura et quand on eut pleuré, personne ne s'avisa qu'il était impossible d'admettre Napoléon parlant en vers. Personne n'improvisa les théories sur les lignes rimées et non rimées. On pensa naïvement qu'il n'y a qu'une langue sous deux formes, et que la plus belle des deux formes est la meilleure. On pensa encore qu'Alceste n'est ni plus vrai ni plus grand que Napoléon, et qu'Alceste parle comme à son insu, la langue ferme et rythmée ; peut-être même pensa-t-on qu'il sied mieux de prêter à l'Empereur la vérité idéale du vers, que la vérité trop exacte de la prose. »

Le 10 septembre 1846, les sociétaires du Théâtre-Français reçurent, sans hésiter, le drame de *Napoléon et Joséphine*.

Mais, entre la réception et la représentation d'une pièce de théâtre, il y a. comme entre la coupe et les lèvres, la place d'un malheur ou tout au moins d'une déception : Dallière, cette fois encore, devait en faire la cruelle expérience.

Mlle Rachel avait particulièrement insisté pour que son drame fût accepté par la Comédie-Française : elle voyait l'occasion de créer, par le personnage de Joséphine, un rôle qui lui permettrait d'être, dans le répertoire contemporain, l'incomparable héroïne tragique qu'elle était dans le répertoire ancien.

La pièce dut attendre son tour de représentation : quinze mois se passèrent : la révolution de Février éclata.

Le drame de *Napoléon et Joséphine*, qui n'était nullement une pièce politique, pouvait soulever des allusions ; la direction du Théâtre-Français n'était pas sans inquiétude, sur les incidents éventuels de la première représentation ; Mlle Rachel avait, paraît-il, quelques griefs personnels contre un prince de la famille de Napoléon, et ne se souciait plus du rôle de Joséphine ; enfin, on s'apercevait, bien tard, que personne, parmi les artistes du Théâtre-Français, ne possédait ni la taille, ni le profil de l'Empereur, et, qu'il était assez difficile de donner la redingote grise et le petit chapeau à un acteur qui, physiquement, ne serait pas l'incarnation même de Napoléon.

La Comédie-Française déclara à l'auteur de *Napo*

léon et Joséphine qu'elle ne pouvait pas tenir les engagements qu'elle avait pris envers lui et qu'elle ne jouerait pas sa pièce.

Le cas était grave et allait être porté devant les tribunaux : l'administration du Théâtre-Français offrit de reconnaître elle-même les droits moraux du poète et proposa de signer un dédit : cette transaction n'eût certainement pas été acceptée, si, juste à point, l'administration du théâtre de l'Ambigu n'eût proposé de monter et de jouer la pièce avec une interprétation d'élite : Dallière conseillé par son ami Geffroy, accepta cette offre.

La première représentation eut lieu, le 9 septembre 1848.

Le sort de la pièce semblait d'avance assez compromis, car les théâtres de Paris souffraient du contrecoup de terribles événements : on était au lendemain des sanglantes journées de Juin, et les tragédies de la rue n'avaient guère prédisposé la foule à goûter celles des salles de spectacle.

Peut-être les circonstances mêmes qui semblaient devoir être défavorables à la pièce contribuèrent-elle, au contraire, à son succès : au milieu des douleurs de la patrie, on devait se plaire à entendre des vers où la France était noblement glorifiée, et où l'écho des grandes batailles contre l'étranger couvrait, pour un moment, l'écho des batailles entre concitoyens.

Le premier acte de *Napoléon et Joséphine* (ce drame en a cinq) s'ouvre au moment où l'on vient d'apprendre la nouvelle de la victoire de Wagram.

Les demoiselles d'honneur de Joséphine sont groupées sous un bosquet de la Malmaison : une de leurs compagnes accourt et leur apprend le grand événement...

Un courrier tout à l'heure arrivé d'Allemagne,
Vient d'annoncer, dit-on, la fin de la campagne.

PREMIÈRE DEMOISELLE D'HONNEUR

Depuis tantôt un mois on le dit tous les jours,
Et cependant ici nous attendons toujours...
— Quel ennui !

(Elles se lèvent).

DEUXIÈME DEMOISELLE D'HONNEUR

Taisez-vous. L'on pourrait vous entendre..
Vraiment Sa Majesté...

PREMIÈRE DEMOISELLE D'HONNEUR

Saurait bien me comprendre
Et ne m'en voudrait pas. Car elle est triste aussi !
— Et c'est bien naturel... — Quand on est seule ici...
Tandis que sur le Rhin nous faisons des conquêtes...
Des époux... des amis... sont absents ! Point de fêtes,
Point de bal !

DEUXIÈME DEMOISELLE D'HONNEUR

Il est vrai... mais aussi le beau jour
Où nous pourrons fêter ce bienheureux retour!...
(Regardant une corbeille posée sur une table de jardin.)
— Et tenez... regardez cette riche corbeille...
Certain pressentiment dans mon âme s'éveille...
Des parures de bal... des colliers... des bijoux...
Je me trompe peut-être...

(Toutes s'empressent avec curiosité autour de la corbeille.)

PREMIÈRE DEMOISELLE D'HONNEUR

Ah! si c'était pour nous!
Si quelque bonne fée à tous nos vœux propice...

TROISIÈME DEMOISELLE D'HONNEUR

Oui, oui, c'est bien cela... — Vive l'Impératrice!
— Et vive l'Empereur!
(Joséphine arrive, en souriant...)
Très bien!

PREMIÈRE DEMOISELLE D'HONNEUR

Sa Majesté!...

JOSÉPHINE

J'aurais tout entendu... si j'avais écouté.

. . . .

Voici des diamants, des bijoux, des dentelles,
— Hochets que nous aimons! brillantes bagatelles

Que ne dédaignent point la grâce et la beauté,
— Et je vous les destine !...

PREMIÈRE DEMOISELLE D'HONNEUR

O ciel, quelle bonté !

JOSÉPHINE

Oui, je veux qu'on vous aime et que l'on vous admire...
— Vous, vous serez charmante avec ce cachemire...
— Quant à vous, je devine, et je lis dans vos yeux
Que ce bandeau vous plaît ; à l'or de vos cheveux
Mêlez ces blonds épis que j'ai choisis moi-même,
Ils iront à ravir...

DEUXIÈME DEMOISELLE D'HONNEUR

C'est presque un diadème
Que je reçois des mains de Votre Majesté !

JOSÉPHINE

Enfant, vous êtes reine, et votre royauté
Est libre des soucis attachés à la nôtre...
Et ma couronne, hélas ! porte envie à la vôtre.

Ces derniers mots laissent entrevoir les mélancoliques prévisions qui tourmentent Joséphine. Elle a depuis longtemps deviné le dessein qu'a Napoléon de se séparer d'elle : bientôt elle en sera complètement instruite : elle sent que sa destinée va s'accomplir jusqu'au bout : destinée étrange, brillante et douloureuse, qui lui fut annoncée aux jours de son enfance, à la Martinique, sous les palmiers des Trois-Ilets.

Son cœur déborde enfin, et elle l'épanche dans celui de sa fille, la reine Hortense :

J'ai des pressentiments étranges quelquefois,
Et malgré la raison, je l'avoue... oui, j'y crois.
D'ailleurs tout est mystère,... et, parfois dans un songe,
La vérité s'échappe à travers le mensonge...

Enfin l'on m'a prédit... Écoute un souvenir :
Aux lieux de mon berceau laisse-moi revenir...
Un soir, guidant l'essor de mes jeunes compagnes,
Je parcourais les bois, les vallons, les montagnes,
Aimant, comme aujourd'hui, la nature et les fleurs,
Heureuse j'assemblais leurs naïves couleurs ;
En butinant partout comme la jeune abeille,
Suivant chaque parfum, cueillant chaque merveille,
Auprès d'un frais ruisseau... que j'aperçois encor,
Je m'étais arrêtée — admirant mon trésor...
J'en forme en souriant ma plus belle parure,
Et d'un bandeau de fleurs j'orne ma chevelure.
Déjà, comme une reine, en ma naïveté,
Superbe, je levais mon front avec fierté,
En appelant mes sœurs au loin, dans la prairie,
Pour payer leur tribut... à ma coquetterie...
Mais l'écho du vallon répond seul à ma voix.
Inquiète, je cours, et bientôt je les vois
Immobiles au pied d'un sycomore antique,
Écoutant je ne sais quelle voix prophétique...
Je m'approche à pas lents, sans bruit, et malgré moi
Je me sens défaillir de terreur et d'effroi.

Je veux fuir – tout mon sang dans mes veines se glace.
Un pouvoir inconnu me retient à ma place,
Comme l'oiseau tremblant, qui palpite enchaîné
Sous le regard fatal dont il est fasciné!
Ces souvenirs, hélas! me sont restés fidèles!
— Une vieille négresse assise au milieu d'elles
Leur parle... — Elle s'arrête... et je ne vis plus rien
Que son regard de feu qui dominait le mien!
« Quel étrange destin, dit-elle, jeune fille!
Tu quitteras dans peu ton heureuse famille...
Dis à ton ciel natal un éternel adieu.
Aux champs de l'Orient cours à la voix de Dieu!
Ne crains rien! Sur la foi de ta brillante étoile
Au vent de la fortune abandonne ta voile!
Tu reçois d'un soldat les serments et la main,
Et tu portes le deuil de ton premier hymen.
Oui.. comme l'Océan déborde sur la grève,
Le flot des nations tout à coup se soulève.
L'orage gronde, éclate... — Où son souffle a passé,
Mœurs, souvenirs et lois, tout périt effacé.
Un glaive teint de sang brille dans la tempête!...
Horreur! — De ton époux je vois rouler la tête! »

HORTENSE

O mon père!

JOSÉPHINE

— Soudain sa voix se radoucit.
« Par quel enchantement l'horizon s'éclaircit!
Dit-elle. Sur la foi de ta brillante étoile,
Au vent de la fortune abandonne ta voile!
Quel astre étincelant dans le ciel enflammé!
Sous ses puissants rayons l'orage s'est calmé.

Quel héros, ou quel Dieu ! Partout sa foudre gronde,
Et de ses bras d'airain il raffermit le monde,
Ramène sous le frein les peuples et les rois,
Et l'univers respire à l'ombre de ses lois ? [ivresse !
Il marche, il marche encor... quels transports, quelle
La terre est dans l'attente... et des cris d'allégresse
Accueillent près de lui ta grâce et ta bonté.
Un pas... encore un pas !... — le sort en est jeté...
Du suprême bonheur savoure l'espérance,
— Car tu deviens par lui plus que reine de France ! »
Haletante, épuisée... elle verse des pleurs,
Et dit, en m'annonçant le plus grand des malheurs :
« Le vent de la fortune abandonne ta voile,
Et mon œil dans les cieux ne voit plus ton étoile. »
— L'avenir m'apprendra si ce terrible adieu
Fut la voix du mensonge, ou fut la voix de Dieu.

Au second acte les appréhensions de Joséphine commencent à se réaliser : la dernière tempête, prédite par la vieille négresse de la Martinique, commence à s'amonceler sur la tête de l'Impératrice.

Le duc d'Otrante, Fouché, vient lui annoncer officiellement la nouvelle de la bataille de Wagram : Joséphine se montre froissée de ce que l'Empereur ne lui a pas écrit directement...

Fouché, qui a beaucoup de ménagements à garder, dans cet entretien où il aura des choses si cruelles à dire, s'empresse d'atténuer le tort de Napoléon.

Que Votre Majesté n'en soit pas offensée.
Vous n'en êtes pas moins présente à sa pensée...

Dans le rapide cours de ces événements,
Il faut mettre à profit les heures, les moments,
Et, loin que votre cœur le condamne ou l'accuse,
L'Empereur...

JOSÉPHINE

L'Empereur n'a pas besoin d'excuse.

Fouché, étourdi, un moment, par cette sévère réponse, reprend vite l'offensive : par des replis savants, il ose aborder la question du divorce : il a la cruauté de faire entendre à Joséphine que l'intérêt de l'État, la nécessité d'assurer à l'Empire une dynastie, exigent qu'elle cesse d'être l'épouse de Napoléon. Cette scène est rigoureusement historique : sans consulter l'Empereur. Fouché se fit ainsi, devant Joséphine, l'interprète des confidences qu'il avait reçues : Napoléon l'en blâma pour la forme et l'approuva par sa décision définitive.

Dans le drame de Julien Dallière, ce dialogue entre Joséphine et Fouché est un chef-d'œuvre d'habileté dramatique : le spectateur souffre : il voudrait voir écraser l'astucieux ministre comme un reptile : il voudrait voir défendre cette femme contre ce maître en perfidies. Joséphine suffit à se défendre et à se venger elle-même...

... Nous sommes sans témoins,
Et je vous dirai tout.

LE DUC

Soit.

JOSÉPHINE

Vous verrez du moins
Que je vous ai compris ; — que je sais vous connaître ;
— Et votre audace, à temps, s'arrêtera peut-être.
L'Empereur vous combla... répandit sur vos pas
Faveurs, honneurs, richesses... et... ne l'oublions pas!
La couronne de duc, joyau rare et splendide,
Alla jusqu'à briller au front du régicide !
Ces biens si précieux, si doux à posséder,
Je conçois aisément qu'on veuille les garder.
La crainte du retour d'une race bannie
Vous a fait tressaillir dans plus d'une insomnie...
Fils illustre et sanglant des révolutions,
Vous craignez une chute — et les réactions, —
Et Bonaparte en vous compte un appui fidèle...
— L'intérêt de l'État commande votre zèle,
Et, s'il ne faut qu'un bras, pour frapper de grands coups,
On peut, en sûreté, se reposer sur vous.
Pour gage, maintenant, de durée et de force,
Pour cimenter le trône, il vous faut... le divorce!
Moi... rompre ce lien? moi... quitter mon époux ?
— Vous ne me vaincrez pas. Je l'aime, entendez-vous!
Et les temps ne sont plus où la hache était prête,
Pour tuer le courage...., à trancher une tête !

LE DUC

Dans tout ce que je fais, je suis trop convaincu,
Pour être, en ce moment, ébranlé, ni vaincu.

Je crois, assurément, l'amour qu'il vous inspire,
Mais, sur vous cet amour a-t-il assez d'empire,
Pour vous faire oublier l'intérêt d'un grand nom.
Tout un siècle de gloire, enfin, Napoléon ?
Non, non, il n'en est rien, et vous ne pouvez guère
Éprouver envers lui ce sentiment vulgaire...
Je vous sais, quant à moi, le cœur trop bien placé
Pour nourrir à ce prix un amour insensé...
Même... si... vous l'aimez...

JOSÉPHINE

(Se levant.)

Il doute que je l'aime !
Doutez de votre mère, et niez Dieu lui-même.
Qu'un sentiment si pur vous est donc mal connu,
Politique, pour qui tous les cœurs sont à nu !
Des crimes, des complots vous démêlez la trame,
Mais vous ne pouvez pas lire au cœur d'une femme.
A ces nobles élans vous ne comprenez rien,
Et le vôtre n'est pas à la hauteur du sien...
La volonté du Ciel est de tous ignorée ;
— Dieu seul peut de ce trône assurer la durée...
Et les tristes moyens imaginés par vous
Ne sauraient qu'attirer son tonnerre sur tous !

C'est seulement au troisième acte de *Napoléon et Joséphine* que l'Empereur apparaît. Cette attente prolongée du personnage qui, de son nom seul, remplit déjà tout le drame, est, de la part du poète, une remarquable habileté.

Il ne faut pas que Napoléon diminue son importance dans des scènes préliminaires et qu'il soit en quelque sorte chargé de préparer son propre rôle : non, il doit se montrer soudainement, remplir dès lors tout le drame et en dominer toutes les situations. C'est ainsi que le poète nous le fait voir ; peut-être par un certain anachronisme volontaire fait-il parler Napoléon après Wagram, comme Napoléon parla seulement après le désastre de Russie et la conspiration de Mallet. Il nous le montre à la fois inquiet et irrité devant son œuvre colossale, mais à laquelle manque la sécurité du lendemain. Ce trouble, systématiquement placé par le poète, à la première scène dans laquelle figure Napoléon, sert d'excuse pour atténuer l'acte criminel que l'Empereur va commettre en cherchant, par le divorce, la consolidation de son œuvre et l'espérance d'une dynastie.

... Oui... je suis indigné...
De projets, de complots je suis environné.
Et chacun me trahit et chacun m'abandonne !
Et déjà, dans son âme, attente à ma couronne.
On fait courir sur moi mille bruits mensongers...
Ce n'est dans les esprits que terreurs, que dangers...
— Je ne vois nulle chose avec indifférence...
Qui profite à cela ? — l'ennemi de la France !
Savez-vous bien le mal que vient de me donner
La glorieuse paix que je force à signer ?
— Mille difficultés ! — La peine qu'elle coûte,
C'est à ces bruits qu'il faut l'attribuer sans doute.
Tantôt, c'est l'ennemi... — je suis enveloppé...
Tantôt, c'est le poignard... et je tombe frappé...

— Eh bien ! que cela soit... que craint-on et qu'importe ?
Oui, que la trahison, ou qu'un boulet m'emporte,
N'est-il pas établi qui doit me succéder ?

. .

L'occasion est bonne pour Fouché de prendre sa revanche et de vaincre les dernières hésitations de l'Empereur.

LE DUC

On n'a pas foi, Sire, dans l'édifice...
Et Votre Majesté ne peut nous en vouloir
De nos terreurs ; pour nous c'est un droit, un devoir,
Quand son bouillant génie, extrême en toute chose,
Sur les champs de bataille à chaque instant l'expose...
Qu'un boulet, dites-vous, vienne à vous emporter,
Nul péril pour l'État ne peut en résulter !
Nous, Sire, nous tremblons pour vous, pour la patrie.
La France, à vos genoux, vous implore, — vous crie
Qu'il s'agit de fonder, Sire, votre maison...
— Un fils...

NAPOLÉON

Bien. Laissez-moi !

NAPOLÉON, seul.

Sans doute. Il a raison.
Mais il me faut avoir un courage invincible...
— Joséphine en mourra ! — Non, non... c'est impossible !
Je redoute ses cris, ses larmes, ses transports ;
J'aimerais mieux, je crois, affronter mille morts...

Et pourtant, poussé par son mauvais génie, Napoléon se décide enfin à faire connaître lui-même à Joséphine sa décision irrévocable.

Joséphine est aussi fière devant Napoléon qu'elle l'était devant Fouché ; mais avec quelle différence ! Tout à l'heure, c'étaient l'indignation, le mépris le plus hautain, qui sortaient de ses lèvres et flétrissaient le perfide ministre : devant Napoléon, son langage est plein de noblesse, presque empreint encore de hauteur, mais avec quelle note adoucie, de loyale et sublime tendresse !

... Veux-tu me parler et m'entendre
Bonaparte ?

NAPOLÉON

Cruelle... ô Ciel ! si je le veux !
— C'est toujours dans mon cœur le premier de mes vœux.
Ce n'est pas toi qui peux douter de ma tendresse...
Elle va, tu sais bien, jusques à la faiblesse...

JOSÉPHINE

Tu m'aimes donc encore ?

NAPOLÉON

Oui, je t'aime, crois-moi.
Je n'ai jamais, d'ailleurs, jamais aimé que toi !

JOSÉPHINE

Aussi, va, ce n'est point une épouse ennemie
Qui veut t'entretenir... c'est ta meilleure amie !...

Peut-être que je viens pour la dernière fois
Dans tes conseils privés faire entendre ma voix...
Écoute, Bonaparte, une femme qui t'aime...
Et t'implore aujourd'hui, non pour soi — pour toi-même.
A grands pas à ta perte, oui, je te vois courir...
Pour moi, depuis longtemps résignée à souffrir.
Je laisse de côté l'intérêt qui me touche...
C'est celui de l'État, qui parle par ma bouche...
— Pour l'avenir du trône, oui, tu me fais trembler.
Tu penses l'affermir et tu vas l'ébranler.
En brisant devant Dieu nos âmes enchaînées,
Tu perdras, en un jour, le fruit de vingt années.
C'est la fatalité qui te pousse aujourd'hui...
Où penses-tu trouver ta force et ton appui ?...
Dans les rois ? — Ne crois pas à leur foi tutélaire...
Fils de la liberté, va, reste populaire !...
Leur sentiment pour toi t'est-il si mal connu ?
— César n'est à leurs yeux qu'un soldat parvenu...
Que leur crainte t'élève à leur souche divine,
Hautains, ils rougiront de ton humble origine !...

NAPOLÉON

Je les forcerai bien de s'en glorifier !

JOSÉPHINE

Et leurs dédains...

NAPOLÉON

Bien cher je les ferais payer !

JOSÉPHINE

C'est cela. De nouveau coulant en abondance,
Le sang cimentera la nouvelle alliance.

Ce n'est pas tout. Crois-tu qu'on puisse impunément
Briser un nœud sacré, violer son serment ?
Non, le peuple français qui t'admire, t'adore,
Qui t'appelle un grand homme, un héros... plus encore !
A mon couronnement, lui, qui battit des mains,
Qui de fleurs sous mes pas sema tous les chemins,
Des plus beaux sentiments noble dépositaire,
N'approuvera jamais ton hymen adultère !
Oui, vois-tu, j'ai le peuple et les prêtres pour moi...
Tu verras le clergé se séparer de toi...

(Ici on entend le canon dans le lointain ; les cloches lancées à grande volée, annoncent la paix et le retour de l'Empereur. Napoléon écoute avec délices.)

— Ces cloches dont la voix et vibrante et sonore
Te pénètre et t'émeut (1), — et qui ce jour encore,
Joyeuses, se mêlant à la voix du canon,
Viennent, du haut des airs, d'éclater à ton nom,
Comme en un deuil public, insensibles, muettes,
N'auront plus désormais à chanter tes conquêtes !

(Napoléon semble en proie à une sorte de terreur superstitieuse.)

— Maintenant, de tes bras tu peux me repousser...
Mais réfléchis pourtant, avant de me chasser.

NAPOLÉON

Te chasser, me dis-tu ? rends-moi plus de justice ;
Mais toujours tu seras pour tous l'Impératrice !
Je reste ton ami. Mes honneurs te suivront...

JOSÉPHINE

Tes honneurs ! Que me fait cette couronne au front ?

(1) On sait quelle impression elles faisaient sur Napoléon.

L'ambition jamais n'a réglé ma conduite.
De tes titres pompeux je ne fus point séduite.
Celui de général eût rempli tous mes vœux...
Et des larmes de moins couleraient de mes yeux !
Premier consul, un pied sur les marches du trône,
Quand ta main était prête à saisir la couronne,
Avais-je soif d'honneurs ? Réponds-moi... qu'ai-je fait ?
— De mes pressentiments je vois ici l'effet...
J'avais peur ! et c'était comme une voix divine
Qui, dans l'ombre, de loin, m'annonçait ma ruine !
On te fit empereur et j'en ai soupiré !
Car tu fus aussitôt de pièges entouré...
— Pour toi toujours craintive et vigilante épouse,
De ta gloire, et surtout de ton honneur jalouse,
J'aurais du dévoûment épuisé le trésor
Et prodigué mon sang ! — Je le ferais encor ?...
— Mais aujourd'hui, vois-tu, ce que l'on me demande,
Comme un malheur public pour toi je l'appréhende.
Dans ton propre intérêt je te résisterai.
A cet acte jamais je ne consentirai !

NAPOLÉON

Joséphine... de grâce, écoute, chère amie ;
De sang-froid, s'il se peut, raisonnons, je t'en prie.
Si le cœur me faiblit, ah ! je le sens trop bien,
L'œuvre entière s'écroule, il n'en restera rien !
Chercher un point d'appui, qui manquait à mon trône,
Perpétuer mon nom ainsi que ma couronne,
Ce n'est pas, oubliant ce que j'étais hier
Renier un passé dont j'ai droit d'être fier ;
Non certes ! mais au monde, à la France, à moi-même,
Je dois le dernier mot d'un immense problème,
Et je crois le résoudre. — Oui, ce grand monument
Dont la première pierre est mon couronnement.

A travers mes tourments, mes douleurs... qu'il s'achève!
L'hérédité, vois-tu, voilà, voilà mon rêve...
Crois-tu donc que je veuille ici te condamner,
Et, de force, à mon but lâchement t'entraîner?
Te frapper en tyran? Non, je veux te convaincre...
Et, de même que moi, t'obliger à te vaincre...
— Au-dessus du foyer élevons ces débats;
C'est à Vienne, à Berlin qu'il faut suivre mes pas,
Et non plus en époux, mais en âmes royales,
Pour arbitres, choisir toutes les capitales!
Sonde les cabinets et tu me répondras...
Vois-moi, seul contre tous, l'Europe sur les bras...
— Les vulgaires esprits condamnent bien à l'aise;
Mais toi, ne sais-tu pas ce que le fardeau pèse?
La vengeance des rois ne fait que sommeiller,
Et leur haine toujours est prête à s'éveiller...
Leurs yeux supportent mal l'éclat de mes conquêtes:
Mais ils craignent surtout que l'hydre aux mille têtes,
Respirant le désordre et les dissensions.
Ne souffle encor le feu des révolutions!
La France n'en veut plus! — Glorieuse affranchie,
Elle a soif du repos, et non de l'anarchie!
Le fantôme sanglant repoussé de ma main
Ne doit plus désormais troubler le genre humain...
Je le veux, tout couvert de sang et de crime,
Enchaîner à jamais dans le fond de l'abîme!
Je veux à ces grands noms de Consul, d'Empereur,
Joindre un titre plus beau, celui de fondateur...

JOSÉPHINE

Dans ton aveuglement ainsi donc tu persistes...
Au cri de tes serments, parjure, tu résistes!
— Mais, que fais-je, ô mon Dieu, pourquoi le supplier?
Conquérants, fondateurs... je ne puis l'oublier!

C'est bien le même sang qui dans vos veines coule,
Et vos âmes d'airain sortent du même moule !
— Contre tous les remords leur cœur est affermi...
L'un immole son frère et l'autre son ami...
Là, c'est un père affreux, barbare politique,
Qui traîne à l'échafaud, frappe son fils unique...
Là, c'est un fils qui vient, par sa haine des rois,
Frapper son bienfaiteur et son père à la fois !
— Et toi, mêlant ton nom à cette liste infâme.
Tu vas donc immoler ton amie et ta femme !
Cher ami, cher époux que je presse en mes bras.
Ne m'abandonne pas... ne m'abandonne pas !!

Malgré son énergie, Joséphine n'a pu rester stoïque jusqu'au bout. Cette scène se dénoue, comme elle se dénoua dans l'histoire, par une crise violente, où la malheureuse impératrice tombe anéantie dans les larmes et les sanglots.

Ses deux enfants, la reine Hortence et le prince Eugène sont là pour la recevoir dans leurs bras, tandis que Napoléon s'éloigne en cachant dans ses mains son visage inondé de pleurs.

Jusque-là, on peut croire que Napoléon hésite encore : au quatrième acte, il va prendre une résolution inflexible ; et c'est au fils de Joséphine, au vaillant soldat, qui pourrait être l'héritier de son trône, au prince Eugène qu'il fait connaître, en présence de Duroc, son ami fidèle, le plan d'une de ses grandes manœuvres de stratégie politique.

— Pour Dieu ! n'avons-nous rien dans le fond de nos âmes.
Nous, soldats, que des pleurs qui conviennent aux fem-
Ne faut-il donc ici qu'accorder deux époux ?   [mes ?
Non, non ! levons la tête, et voyons devant nous !
Mon idée est immense, elle est juste, profonde...
Elle porte sur soi tout l'avenir du monde !
Dans la sublime voie où Dieu seul me conduit,
Oui, tout est calculé... tout s'enchaîne, se suit...
— Je perce l'horizon dans mes marches rapides...
Du haut de l'Apennin, je vis les Pyramides !
Et là, presque banni, mon aigle, l'œil ardent
Et brûlant de revoir les champs de l'Occident,
Des rivages du Nil et des palais du Caire,
Pressentit le grand jour de mon dix-huit brumaire.
— Chaque pas qui marqua mon glorieux chemin,
Me servit de jalon, pour ceux du lendemain...
Le Consulat... du doigt me fit toucher l'Empire ;
L'Empire dans mes mains, où faut-il que j'aspire ?
Que reste-t-il encore à faire ?... Répondez ?
J'ai gravi la montagne... eh bien donc... regardez !
Regardez à mes pieds, de sa hauteur sublime.
— Que voyez-vous ? partout un effroyable abîme.
Ce qu'il me reste à faire ? il me reste à fonder.
J'ai vaincu, j'ai conquis, je veux consolider !
Je veux mener à bien toutes mes entreprises...
Incorporer au sol les provinces conquises !...
— Comme Rome, il me faut ce solide ciment
Qui ne tombe et périt qu'avec le monument !
— Mais, je suis isolé !... je n'ai point d'alliances !
Partout... mauvaise foi, — haines et défiances,
Mensonge, trahison, perfidie, attentat...
Contre moi l'on descend jusqu'à l'assassinat !
— Je pense à l'avenir . . . .
. . . .

— Il suffit, mes amis, et je vous ai dit tout.
Ma volonté suprême est d'aller jusqu'au bout.
Je souffre, mon cœur saigne en vous montrant le terme
Où je dois m'attacher, inébranlable et ferme.
— Eugène ! maintenant tu peux me condamner...
Libre à toi de me fuir et de m'abandonner !

EUGÈNE

(Pénétré.)

Sire...

NAPOLÉON

Je marcherai, sans fléchir, sans relâche...
Et seul sous le fardeau, je porterai ma tâche.

EUGÈNE

Non, Sire... — Votre fils en prendra la moitié.

NAPOLÉON

(Avec bonheur.)

Qu'entends-je ?

EUGÈNE

(Accablé.)

Le cœur plein de douleur, de pitié,
Puisque le sacrifice est aussi nécessaire...
Je suis prêt, ordonnez... Je vais trouver ma mère...

DUROC

Ame héroïque !

NAPOLÉON

(Lui tendant les bras.)

Viens !

EUGÈNE

(S'y précipitant.)

Mon Dieu !

NAPOLÉON

Je savais bien
Que ton cœur ne pouvait méconnaître le mien !

Que d'art et que de grandeur dans cette scène ! Quelle habileté de couvrir la conduite de Napoléon par le dévouement même du fils de Joséphine ! Une telle conception eût-elle été au-dessous de notre théâtre du dix-septième siècle ? Et n'y voit-on pas ce souffle de fière et mâle émotion sous laquelle

Le grand Condé pleurait aux vers du grand Corneille ?

Le cinquième acte est la mise à la scène de la signature du divorce, devant toute la cour, à Saint-Cloud. Joséphine, dans un effort d'abnégation héroïque, justifie elle-même la conduite de l'Empereur...

Napoléon
Est trop évidemment suscité par Dieu même,
Pour effacer les maux de la France qu'il aime,
Pour que ses descendants, un jour, ne viennent pas
Suivre dans sa grandeur la trace de ses pas.
Qu'il leur transmette donc son royal héritage.
Si son cœur est froissé, le mien l'est davantage.
Mais dans sa solitude, il se consolera
Le jour, où tout un peuple enivré m'apprendra
Que j'ai pu terminer, en versant bien des larmes,
Ce qu'avait commencé la gloire de ses armes.

Napoléon est resté seul ; la tempête gronde au dehors, la foudre éclate. Ces détails sont historiques : un orage terrible se déchaîna sur Saint-Cloud au moment de la rupture de son union avec Joséphine.

Une porte s'ouvre : « Joséphine vient vers Napoléon, lentement. Elle a les cheveux épars, elle est très pâle ; Napoléon est immobile, les yeux fixes comme une statue. Joséphine s'approche, tombe à genoux en l'enlaçant de ses bras et pleure d'une manière déchirante (1). »

NAPOLÉON

(La voix entrecoupée.)

Du courage ! voyons !...

JOSÉPHINE

(Sanglotant.)

Mon Dieu !

(1) Indication de la mise en scène.

NAPOLÉON

Je souffre, moi,
Ma Joséphine... autant... peut-être plus que toi...

JOSÉPHINE

Aussi, va... ne crains point de plainte douloureuse...
— Je ne te dirai pas que je suis malheureuse...
— Je ne viens point ici parler de désespoir...
Non... mais goûter encor le bonheur de te voir...
De ton cœur et du mien la vive sympathie,
Malgré le nœud rompu... n'est point anéantie...
De loin, comme de près, mon regard te suivra...
Jamais ton souvenir ne m'abandonnera..,
(Il la fait asseoir près de lui.)
— Je serai de moitié dans les vœux de la France...

NAPOLÉON

Ah !

JOSÉPHINE

Si le Ciel un jour t'envoyait la souffrance,
— Appelle-moi...

NAPOLÉON

(A part.)

Mon Dieu ! mon Dieu !

JOSÉPHINE

Je reviendrai.
Comme par le passé, je te consolerai...

— Avant de te quitter... et, pour grâce dernière,
Laisse-moi t'adresser encore une prière...
— Écoute, écoute-moi!... — Ce fils, quand tu l'auras...
Tu viendras me trouver... et puis, tu me diras
S'il est beau, s'il est fort... enfin, s'il te ressemble!...
— Nous goûterons encore un peu de joie ensemble.

(Un silence. — Napoléon relève Joséphine).

JOSÉPHINE

Seule, dans mon exil Hortense me suivra...
Mais près de toi toujours Eugène restera.
Oui, je prouve à la France, enfin, combien je l'aime...
En lui laissant mon fils, noble écho de moi-même.
C'est un ami du moins! Fidèle à te servir,
Ce ne sera pas lui qui pourra te trahir!

NAPOLÉON

(L'embrassant sur le front).

Ma bonne Joséphine, âme sublime et fière!
Je te reconnais là, toi-même, tout entière!

JOSÉPHINE

Bonaparte, ta main, pour la dernière fois!...
Ah! sois le plus heureux et le plus grand des rois!
Conserve un souvenir à ta femme fidèle...
Ta joie ou ta douleur rejaillira sur elle...
— Adieu... Sire, je pars... et je vais prier Dieu
Pour qu'il veille sur vous... et sur la France. — Adieu!!

Le succès de *Napoléon et Joséphine* au théâtre de

l'Ambigu fut immense. Pendant une longue série de représentations, le drame de Julien Dallière fut la pièce en vogue et fit salle comble, alors que tous les autres théâtres de Paris, subissant le contre-coup des événements politiques, étaient encore presque déserts.

L'interprétation était hors ligne : Mme Guyon, l'éminente tragédienne, qu'on a depuis applaudie au Théâtre-Français, remplissait le rôle de Joséphine : avec l'éclat de sa beauté, avec ses magnifiques yeux noirs illuminant son visage d'une blancheur mate, elle réalisait et idéalisait le type de la créole dans toute sa grâce et toutes ses ardeurs.

Napoléon était représenté par Montdidier, qui devait bientôt quitter la France, pour parcourir, au Théâtre-Français de Saint-Pétersbourg, une longue et éclatante carrière. Par le visage, transformé avec un art infini, par la taille, la démarche, les gestes vifs, mélange de dignité et de familiarité brusque, par la voix brève, mais vibrante sans emphase, Montdidier était l'incarnation même de l'Empereur. Le vieux prince Jérôme, qui assista à plusieurs des représentations, fut saisi d'une vive émotion, lorsqu'il vit, pour la première fois, entrer en scène cette vivante image de son frère.

Une telle pièce, surtout au milieu des circonstances où elle se produisait, devait soulever des polémiques assez vives dans la presse : mais personne, sans nier la flagrante évidence, n'eût pu contester le succès.

Édouard Thierry, entre autres, le futur administrateur du Théâtre-Français, consacra à la pièce de Dallière, dans le journal *l'Assemblée Nationale*, un brillant feuilleton plein d'éloges pour le poète et pour ses interprètes.

« Nous avons eu, écrivait-il, comme les Grecs, notre époque héroïque, nos dix ans de guerre, notre siège de Troie; pourquoi n'en ferions-nous pas notre poème et tout notre art, et tout notre théâtre? Je le demande à ceux qui assistaient hier à la représentation de l'Ambigu : est-ce Agamemnon? est-ce Achille? est-ce Oreste, Pyrrhus, Sertorius même et Pompée, qui les ont fait tressaillir d'un pareil enthousiasme? Montrez-moi la toge ou la chlamyde, les bandelettes blanches ou les couronnes de laurier : que m'importe cette résurrection d'un passé qui n'est ni notre souvenir ni notre gloire? Montrez-moi ce petit chapeau dont la forme est si bien connue : cet habit, qui est l'habit d'un seul homme, et l'habit de toute la grande armée; cette croix de la Légion d'honneur, qui est celle de nos braves; cette épée, qui a été un talisman et a aimanté toutes nos épées : je salue la France militaire et je contemple notre histoire.

« Napoléon et Josephine! Comme le public a bien compris ce noble amour et ce douloureux sacrifice! Comme il a versé des larmes en voyant s'épancher les larmes de l'Impératrice, en voyant l'Empereur lutter contre les siennes! Et Hortense, qui choisit l'exil avec sa mère, et Eugène, qui se résigne en soldat à souffrir et à se vaincre auprès de Napoléon! Qu'est-il besoin là d'inventer et de précipiter les événements, de compliquer l'histoire avec le roman et le roman avec l'histoire? Il n'y a qu'à dire, il n'y a qu'à laisser voir, il n'y a qu'à raconter. M. Dallière l'a fait, et avec une grâce particulière de sensibilité, de naturel, de simplicité, de mélancolie. Point d'emphase, point de lyrisme ambitieux; un vers facile, élégant et délicat, souvent le chaste et pur sentiment de Racine, l'expression discrète, le mot qu'on ne cherche pas et qui est venu du cœur. M. Dallière a obtenu le meilleur de tous les succès : celui que l'on obtient par le noble et par le bon, par le touchant et par l'honnête, celui qui fait que l'on se sent meilleur et qu'on se sent attendri. Les acteurs ont bien secondé le poète. Montdidier est tout à fait remarquable; il l'est par la ressemblance, il l'est par la vérité historique, il l'est par la vérité humaine, par l'émotion sincère, et par le geste et par tout le récit. Mme Guyon est admirable de résignation et de douleur.

« Louange à tous. Bon avenir au poète! Longs jours à son ouvrage! »

Quelques mois après la représentation de *Napoléon et Joséphine*, le 31 juillet 1849, le prince Louis

Napoléon, président de la République, faisant un voyage dans l'Ouest, s'arrêta à Angers. Quand les membres de l'Université vinrent le saluer à la Préfecture, le Ministre de l'Instruction publique qui était alors un angevin, M. de Falloux, présenta au prince le professeur de la classe de sixième.

« Monsieur, dit le petit-fils de Joséphine, votre dernier drame touche de si près à mes plus intimes affections de famille, que j'éprouve quelque embarras à vous exprimer toute mon estime pour son mérite littéraire. »

Puis, tandis que le poète un peu troublé balbutiait quelques mots de remerciements, le Président lui remit la croix de la Légion d'honneur.

CHAPITRE IV

Julien Dallière après *Napoléon et Joséphine*. — Années d'hésitation. — Début dans la poésie lyrique. — *L'Aigle*. — Deux prix de poésie à l'Académie française : poème sur *Saint Augustin* (1860) ; poème sur la *Guerre d'Orient* (1858). — Appréciations critiques et anecdotes.

Julien Dallière était arrivé à ce point décisif, où un homme de lettres n'a plus qu'à poursuivre vaillamment sa carrière, emporté par la joie des premiers triomphes et par la certitude des triomphes à venir. Alors se produit en lui un phénomène inexplicable.

Subitement, en pleine force de l'âge, lorsque tout l'encourage, il se défie de ses propres forces : il prétend que l'inspiration lui fait défaut, et il attend qu'elle vienne, sans se donner la peine d'aller au devant d'elle.

Pendant huit années, depuis 1846 jusqu'en 1854, — pas une ligne ! pas un vers du poète d'*André Chénier !* Ses amis gourmandent sa nonchalance : il avoue lui-même qu'il a un faible pour la paresse ; cette paresse n'est pas absolument volontaire : de multiples projets flottent dans son cerveau ; mais aucun ne s'en dégage, aucun ne prend corps dans une œuvre réalisée.

Plus d'une fois, pendant cette période étrange de sa vie, il a dû se souvenir des vers d'André Chénier, lui aussi longtemps rêveur, lent à l'œuvre, mais ayant déjà préparé l'argile d'où le travail d'une heure fera sortir les chefs-d'œuvre en bronze...

..... de mes écrits en foule,
Je prépare longtemps et la forme et le moule,
Puis sur tous à la fois je fais couler l'airain ;
Rien n'est fait aujourd'hui, tout sera fait demain !

Demain se faisait bien longtemps attendre pour ceux qui savaient tout ce que Dallière pouvait donner : plusieurs d'entr'eux l'engageaient à quitter sa chaire du lycée, pour aller vivre à Paris. Ce projet finit par le tenter lui-même : il fut réalisé plus tard.

S'il me fallait chercher la cause de ce *sommeil* inexplicable d'un poète en pleine vigueur de l'âge et du talent, je ne pourrais la découvrir que dans une disposition particulière que j'ai toujours remarquée chez Dallière : il était poète par le sentiment bien plus que par la méditation et par l'étude.

Une émotion vive, provoquée par quelque événement le transportait, l'inspirait : les livres avaient peu de prise sur lui. Dans tous ses vers, on sent les vibrations du cœur ; on y trouve rarement la tonalité profonde qui vient des sensations analysées et réfléchies.

Dès lors, on s'explique que, dans une vie où manquaient les événements qui passionnent, où ne surgissaient pas ces crises, qui brisent si souvent l'artiste, mais qui, si souvent aussi, affermissent son génie, l'inspiration se soit montrée lente à venir.

Ce fut une émotion patriotique qui arracha enfin le poète à sa torpeur : on était en 1854 ; la guerre d'Orient venait d'éclater ; l'armée française commençait le siège de Sébastopol : Dallière apprend que le drapeau qui a flotté le premier sur les hauteurs de l'Alma, au faîte de la *Tour du Télégraphe*, a été planté par un de ses compatriotes, le lieutenant Poidevin, du 39e de ligne, mortellement frappé en accomplissant cet acte héroïque (1).

Subitement, l'inspiration se réveille : dans une vision passe ce drapeau criblé par les balles, cet

(1) MONITEUR *du 8 octobre 1854* (Rapport du maréchal de Saint-Arnaud). — Le lieutenant Poidevin a tenu sur le bâtiment du télégraphe qui formait le point central de la défense de l'ennemi, le drapeau de son régiment ; il y est mort glorieusement, emporté par un boulet.

Ordre du jour de la 4e division. — Le 39e pourra revendiquer l'honneur d'inscrire le glorieux nom de l'Alma sur le drapeau que le brave Poidevin a tenu haut et ferme sur le aigle d'or dont les ailes lancent leur éclair à travers la fumée de la bataille !

Le poète se souvient alors des récits de vieux soldats qui l'enthousiasmaient aux jours de son enfance, dans les veillées du village de Briançon : il se souvient des vers de Béranger...

. . . .
Son aigle est resté dans la poudre,
Fatigué de lointains exploits !

Et dans un admirable élan de fierté, d'enthousiasme, et de foi patriotique, voilà Julien Dallière qui répond par un chant de triomphe à l'écho lointain du chant douloureux de Béranger...

Il n'est pas resté dans la poudre
Cet aigle cher à nos drapeaux !
Il sait encor lancer la foudre
Après quarante ans de repos !

Lorsque la trahison eut préparé la chaine
Du demi-dieu martyr de la haine des rois,
Qu'au Golgotha de Sainte-Hélène
Se dressa la nouvelle croix ;
Que le drapeau français, signe de délivrance,
Arrosé de sang et de pleurs,

belvédère où s'appuyait l'ennemi, jusqu'à ce qu'un boulet russe soit venu le frapper en pleine poitrine. Honneur à ce brave officier qui a montré un courage héroïque ! Sa mémoire ne périra pas dans le 39e dont les officiers et soldats sauront l'imiter à l'occasion.

Aux pieds de l'étranger foulant le sol de France
Vit déchirer ses trois couleurs,
Un cri se fit entendre, à travers la tempête,
Au cœur ému de l'exilé
Cloué sur ce rocher... sa dernière conquête !
C'était le cri d'adieu de l'aigle mutilé
Qui s'abattait sanglant sur ce roc désolé
Pour abriter sa noble tête !

Là, mourant, privé d'air, au seuil d'une prison,
Et se tournant encor vers l'immense horizon,
Il semble aspirer l'air d'une France nouvelle...
Et ses yeux presqu'éteints se ferment sous son aile.
« Il s'endort, disaient-ils, pour ne plus s'éveiller. »
Mais, tôt ou tard, ô rois, il saura vous apprendre
Que l'aigle est immortel ou renaît de sa cendre :
Il ne faisait que sommeiller !

L'oiseau qui porte le tonnerre
Et qui vous a fait pâlir tous,
Si haut plane au-dessus de vous
Que votre main n'a pu l'étouffer dans son aire !
Par delà l'Océan, sur un lointain écueil,
Scellez bien le géant dans un triple cercueil ;
De l'Empire étouffez la semence féconde,
D'une gloire importune éteignez le flambeau ;
Mort, l'empereur et roi remplit encor le monde :
Son étoile luira par delà son tombeau !
Les magiques échos de son île sauvage
A tous les vents du ciel ont jeté ce grand nom,
Et les flots, réveillés de rivage en rivage,
Vous rediront un jour à la voix du canon :

Il n'est pas resté dans la poudre
Son aigle, effroi de vos drapeaux !

Il sait encor lancer la foudre
Après quarante ans de repos !

Le poème lyrique qui commence par ce magnifique début s'appela l'*Aigle*. Julien Dallière, épris de cette légende impériale qui avait bercé son enfance et qui lui avait inspiré son beau drame de *Napoléon et Joséphine*, devait facilement se laisser aller à unir trop intimement la restauration de l'Empire avec le regain de gloire militaire que les soldats de la France retrouvaient en Crimée.

On me permettra de ne pas aborder une question politique dans ce livre purement littéraire : je ne discuterai pas plus ici certaines opinions de Dallière que je ne les discutais avec lui-même, tout en les contredisant, quand l'occasion s'en présentait, avec une énergique franchise.

Cette réserve faite, l'*Aigle* me semble une des plus brillantes inspirations du poète angevin : le poème est divisé en trois parties : *Les Cendres*. *le Drapeau rouge*, *Sébastopol*.

L'*aigle* s'est envolé du rocher de Sainte-Hélène : il plane sur Paris, accompagnant le cercueil de l'Empereur ramené aux Invalides ; on pressent qu'il va reparaître, dominant l'horizon obscurci pendant les jours de la guerre civile : enfin, on le voit, la foudre dans les serres, tonnant sur les bastions de Malakoff et de Sébastopol.

Certes, il était bien hardi, après Victor Hugo et Théophile Gautier, de chanter le *Retour des Cendres ;* Julien Dallière a eu cette audace et ses vers peuvent rester à côté des strophes de ces grands maîtres.

Le cortège est arrivé à l'entrée des Champs-Élysées ; le char qui porte, dans un deuil triomphal, le corps de Napoléon, s'avance sous l'Arc-de-Triomphe. Tous les vieux soldats sont accourus pour saluer une fois encore leur grand Empereur...

— Le voilà ! rien ne manque à la pompe suprême,
Ni son aigle pensif, ni le coursier qu'il aime,
Ni les mâles accents, ni les pieux transports.
Toi-même, courtisan des fêtes de l'Empire,
O soleil, tu parais, et reviens lui sourire,
Et, perçant la nuée, illumines nos bords !

Retour inattendu ! majestueuse aurore
Du jour impérial qui doit renaître encore !
— Ces restes ne sont point insensibles et froids...
Leur chaleur électrique a passé la frontière,
Et la France, au contact de la noble poussière,
A tressailli comme autrefois.

Et la commotion a gagné les deux pôles...
A l'appel de leur Dieu, ces vétérans des Gaules
Semblent après vingt ans sortir de leurs tombeaux,
Fiers de porter encor, tout noircis par la poudre,
Comme de vieux drapeaux qu'a déchirés la foudre,
Leurs uniformes en lambeaux ;

Fiers d'avoir parcouru toutes les capitales
En bravant les obus et la grêle des balles,

La mitraille de Vienne et celle de Berlin,
Des fleuves et des mers essuyé les tempêtes,
Et vu, sans s'émouvoir, s'écrouler sur leurs têtes
Toutes les horreurs du Kremlin !

. . . .

. . . .

Pour la dernière fois ils viennent demander,
Fidèlement rangés au glorieux passage,
Si l'Empereur n'a point, dans un dernier message,
Quelque miracle à commander !

A part quelques rares essais de jeunesse, c'est par le poème de l'*Aigle*, que Julien Dallière se lançait dans la poésie lyrique : début aussi heureux et aussi fier que celui qui l'avait porté, du premier coup, dans l'art dramatique, à son triomphe d'*André Chénier*.

Les strophes qu'on vient de lire ont-elles rien à envier aux meilleures inspirations de nos plus grands poètes : sentiment ardent, éclat du style et de l'image, rythme sonore et majestueux? Peut-être dira-t-on que cette forme admirable n'appartient pas exclusivement à notre poète ; qu'il relève très visiblement d'une école bien connue, et que son maître est Lamartine. Soit ! On peut accepter cette appréciation, — mais il est permis d'ajouter que rappeler ainsi l'école de Lamartine, c'est être souvent bien près de rappeler Lamartine lui-même.

Dallière semble avoir eu conscience de ce qu'il devait à l'auteur des *Méditations* : il lui a payé sa dette de reconnaissance dans un harmonieux hommage.

Il montre, dans la seconde partie de l'*Aigle*, intitulée le *Drapeau rouge*, Paris et la France en proie aux désordres civils. L'émeute gronde : elle renie le drapeau national : elle veut le remplacer par un drapeau de barricade...

Ce drapeau, juste ciel ! l'emblème du carnage,
Ce drapeau, la couleur du sang !

Mais non ! sur le tableau de notre grande histoire
Dieu ne permettra pas cette ombre à notre gloire :
La France sous ce joug n'ira pas se courber !
A travers les clameurs, les mousquets et les piques,
A travers mille morts — de leurs mains fanatiques
Un cœur vaillant le fait tomber !

Qui donc ainsi commande aux rumeurs populaires ?
Qui donc brise la hache aux faisceaux consulaires ?
— Français, de ce beau nom gardez le souvenir !
Est-il besoin qu'ici ma bouche le prononce,
Quand depuis si longtemps chaque Muse l'annonce
Aux mille voix de l'avenir ?

Lamartine ! le Dieu qui frappe et qui console
Sans doute te prêta sa force et sa parole
Pour dire aux flots grondants : « Vous n'irez pas plus loin. »
— Ce fier regard, ce geste et sa toute-puissance,
Gravez-les ! car, au temps de la reconnaissance,
Le sculpteur en aura besoin !

C'est devant ce drapeau que le bronze fidèle
Devait prendre à grands traits son empreinte immortelle,

Au nom de la patrie, au nom du genre humain !
C'était pour nous, ingrats, une dette sublime,
De ces dettes d'honneur qu'un peuple magnanime
Ne remet pas au lendemain !

Un jour pareil est grand à défier l'envie !
Il ne luit pas deux fois dans la plus longue vie...
Un siècle se mesure à ce divin élan !
C'est l'accomplissement du rêve magnifique
Que lui faisait rêver une voix prophétique
Au pied des cèdres du Liban !

Puisse-t-il s'arrêter après cette journée !
Puisse-t-il, sans trahir sa haute destinée,
Dire à la politique un éclatant adieu !
— Inspiré du Très-Haut, souffle de sa pensée,
Rentre, barde des cieux, dans ta sphère tracée,
Reprends ton vol au sein de Dieu !

L'Éternel au génie a marqué ses limites,
L'Océan ne sort pas de ses bornes prescrites :
Les prophètes, après leur sainte mission,
S'en retournaient, ainsi que des aigles sublimes,
Loin des sentiers humains, vers les célestes cimes
De la montagne de Sion !

La dernière partie du poème, *Sébastopol*, nous montre l'*aigle* prenant son essor vers la Crimée.

Ne le contraignez pas à sortir de son aire,
Ne le contraignez pas à se ressouvenir ;
Car c'est toujours l'oiseau qui porte le tonnerre,
Prêt à venger, prêt à punir !

Ennemi courageux, il est ami fidèle...
Et ce n'est pas en vain qu'implorant son appui,

Le faible ou l'opprimé s'abrite sous son aile,
Car l'agresseur aurait à compter avec lui ;...
— Qu'a-t-il vu tout à coup du côté de l'aurore ?
Son œil étincelant plonge du haut des airs ;
Attentif, il regarde aux rives du Bosphore,
Et déjà lance des éclairs !

Par delà l'horizon et la liquide plaine,
L'aigle t'a reconnu, reptile monstrueux ;
Il a suivi ta trace au vent de ton haleine,
Tu ne peux lui céler tes replis tortueux.
Déroule tes anneaux ; de tes steppes arides,
Pour réchauffer ton sang, glacé par les frimas,
Viens dorer, si tu peux, tes écailles livides
Au doux soleil de nos climats !

Il prend mille détours ; tantôt fier et superbe,
Pour effrayer le monde, il s'avance en sifflant ;
Tantôt il se dérobe et se cache sous l'herbe.
Mais toujours vers son but il glisse, l'œil sanglant.
Hier il étouffait, dans ses nœuds, Varsovie,
Et voilà qu'il convoite une autre proie encore,
Et sa soif aujourd'hui ne peut être assouvie
Qu'à Byzance aux minarets d'or ?

. . . .
Le serpent se redresse... il est temps : guerre ! guerre !
Déjà le sol qu'il foule est semé de tombeaux.
Mais déjà l'aigle aussi, sous sa terrible serre,
Fait voler ses chairs en lambeaux !

Cette peinture de l'aigle déchirant le serpent rappelle une poésie antique, bien connue de tous les lettrés, et que Dallière, — il ne s'en cachait pas, — eut présente à la pensée, quand il écrivit les belles strophes qu'on vient de lire : dans un des rares fragments en vers, qui nous restent de lui, Cicéron s'est montré grand poète en montrant l'aigle de Jupiter qui emporte et déchire le serpent qu'il a saisi dans ses serres :

Hic Jovis altisoni subito pinnata satelles,
Arboris è trunco serpentis saucia morsu,
Ipsa feris subigit transfigens unguibus anguem
Semianimum, et varia graviter cervice micantem.
Quem se intorquentem lanians, rostroque cruentans,
Jam satiata animum, jam duros ulta dolores,
Abjicit efflantem, et laceratum affligit in unda,
Seque obitu a solis nitidos convertit ad ortus.

Mais, revenons au poème de Dallière. La lutte est acharnée autour de Sébastopol : pourtant l'heure approche où le drame héroïque va avoir son dénoûment...

L'éclair jaillit, la foudre gronde.
De flots noirs la plaine s'inonde :
Les ennemis épouvantés,
Dans le ravin précipités,
Vont combler la gorge profonde
Avec leurs chevaux culbutés !

L'aigle, présent toujours, haletant, hors d'haleine,
Terrible, a balayé la montagne et la plaine ;
Sur leurs canons éteints, les Russes immolés
Du haut de ces remparts que leur fit la nature,
Roulent ; leurs corps sanglants serviront de pâture
Aux vautours que pour nous ils avaient appelés !

L'aigle partout, partout foudroie.
Il saisit, il étreint sa proie.
Les soldats volent à l'assaut.
Il les pousse, les aiguillonne,
Il bat des ailes, tourbillonne...
— C'est Sébastopol qu'il lui faut !

Le voyez-vous là-bas ? prompt comme la pensée...
Il s'élance, il s'attache à l'œuvre commencée...
De sa serre embrasée il laboure le sol ;
Il plane sur la ville, et l'ombre de ses ailes,
Comme un voile de mort, couvre tes citadelles,
Imprenable Sébastopol !

Colosse de granit, en vain ton front s'abrite
Sous ton ciel inclément... ce rempart moscovite !
Tu reconnaîtras l'aigle à ce terrible coup !
A travers mille feux, le sang et la mitraille,
C'est ici qu'il aura son jour de représaille,
Et sa revanche de Moscou !

Le poème de l'*Aigle* se termine par une évocation des grandes œuvres que la France peut accomplir en unissant sa puissance avec l'influence morale du Christianisme en Orient.

Dieu le sait... Dieu le veut ! — Perçant la nuit profonde,
L'astre de Bethléem reparaît dans les cieux.
Il marche, et, s'arrêtant sur le berceau du monde,
Le prodige nouveau frappera tous les yeux.
— Stamboul, des préjugés renversant la barrière,
Voit les fils d'Ismaël, pour la première fois,
Ployer les deux genoux, le front dans la poussière,
Sur le passage de la croix !

Et enfin. un dernier salut à l'armée de l'Alma, d'Inkermann et de Malakoff :

Éclatez, chants de fête, et que le canon tonne
Pour les fils des géants endormis loin de nous !
Napoléon leur dit, du haut de la colonne :
« Vos pères sont vengés ; je suis content de vous ! »

Quand la nouvelle de la prise de Sébastopol parvint à Paris, ce fut un long cri d'enthousiasme répété par la France entière : le sentiment national qui débordait du cœur de tous, dans une explosion de fierté et de joie, devait être interprété par les poètes. Des odes, des cantates, des dithyrambes furent lus ou chantés sur tous les théâtres de Paris.

Le Gymnase eut le bon goût de choisir le poème de Dallière, et l'*Aigle* fut récité sur ce théâtre par un de ses premiers artistes, Pierre Berton, le 29 septembre 1855, vingt-trois jours après la prise de Malakoff.

Il est inutile de dire avec quels bravos un public, enfiévré par les émotions du moment, accueillit cette ardente poésie qui sonnait comme un cuivre de clairon dans un bruit de poudre.

L'empereur Napoléon III, après avoir lu l'*Aigle*, fit envoyer à Julien Dallière une statuette de bronze, réduction du *Penseur* de Michel-Ange.

Après l'*Aigle*, Julien Dallière allait-il rentrer de

nouveau dans cette indolence ou cette défiance de lui-même, qui lui était trop habituelle ? Ses amis insistèrent pour qu'il cherchât, dans un nouveau genre de vie, des émotions nouvelles et qu'il se décidât à quitter sa classe de *sixième* au Lycée d'Angers.

L'*Aigle* avait attiré sur Dallière l'attention, puis l'amitié profonde et durable d'un administrateur éminent, qui était, en même temps, un homme du plus noble cœur. M. Vallon, préfet de Maine-et-Loire, plus tard préfet du Nord, et auquel la ville de Lille a dû sa transformation en magnifique cité moderne.

M. Vallon força le trop modeste professeur à devenir un peu ambitieux, ou, tout au moins, à chercher un milieu où il rencontrerait plus de stimulants pour ses inspirations. Bientôt, il lui offrit de se rendre à Constantinople, pour s'y charger, pendant quelques années, de l'éducation d'un fils du grand vizir d'alors. Cette position, d'après les offres qui étaient faites, devait assurer des avantages matériels, constituant une fortune : Dallière fut profondément tenté, non par les séductions de l'argent, mais par la perspective de ce séjour en Orient, où son talent se fût certainement élargi et transformé sous l'influence d'une nature merveilleuse et des grands souvenirs historiques : Athènes, Constantinople, Jérusalem, l'Égypte, — ce mirage qui pouvait, à son gré, devenir une réalité, l'attirait.

le fascinait ; mais au moment de dire : « Oui ; » il vit, auprès de lui, le foyer de famille, où son père et sa mère allaient rester seuls, vieux, attristés, et la vision de l'Orient s'évanouit sous le rayonnement intime de la tendresse filiale.

Plus que jamais, M. Vallon prit en amitié ce poète, dont il avait d'abord admiré le talent et dont il appréciait maintenant le caractère. Le séjour d'Orient eût imposé à Julien Dallière une séparation de famille à laquelle il ne voulait pas consentir ; mais il pouvait accepter un éloignement à courte distance. En 1855, sur les démarches de M. Vallon, il quitta le Lycée d'Angers pour venir remplir au Ministère de l'Instruction publique des fonctions hors cadre, mal définies, qui n'étaient en somme qu'une position d'attente, destinée à lui permettre d'habiter Paris une partie de l'année.

Quelques mois plus tôt, il avait assisté à une séance de l'Académie française, où l'un de ses amis, un autre angevin, M. Eugène Poitou, était couronné pour le *Prix d'Éloquence* décerné à l'auteur du meilleur discours sur *Vauvenargues* (1).

M. Villemain, secrétaire perpétuel, dans son

(1) M. Eugène Poitou, mort président de Chambre à la Cour d'appel d'Angers, a été couronné à l'Académie française pour l'*Éloge de Vauvenargues* et l'*Éloge de Saint-Simon*, par l'Académie des sciences morales et politiques pour une étude de l'*Influence du Théâtre et du Roman contemporain sur les mœurs*.

rapport sur le concours qui venait d'être clos, fit connaître les sujets que l'Académie proposait pour son concours prochain : il annonça qu'elle décernerait le *Prix de Poésie* à une pièce sur *Les restes de saint Augustin rapportés à Hippone.*

— « Écoutez, dit Eugène Poitou à Julien Dallière, assis près de lui : c'est une victoire que M. Villemain vous promet... »

Et Dallière écouta le Secrétaire perpétuel dont la parole inspirée traçait l'esquisse du poème à faire avec une largeur et une vigueur de touche qui rappelaient les pages du *Tableau de l'Éloquence Chrétienne au IVe siècle*

Dallière sortit de la séance de l'Académie sous le charme et bientôt sous l'obsession de ce brillant programme. C'est, pendant qu'il se préparait à prendre part au concours de *Saint Augustin* qu'il fut appelé au Ministère de l'Instruction publique : l'influence de Paris acheva, pour lui, d'éveiller l'inspiration : à la fin de 1855, il déposait son poème au secrétariat de l'Académie française.

Ce concours sur *Saint Augustin* fut l'un des plus brillants qu'on ait vus à l'Académie.

M. Villemain disait dans son *Rapport :* « L'Académie, pour ce concours, a reçu cent ouvrages. Sur ce grand nombre, plusieurs poèmes nous ont frappés par des traits heureux d'imagination, des promesses de talent. L'Académie cependant n'a pas hésité sur le *Prix* même, et sur le premier rang à donner à la pièce inscrite n° 84 et portant pour épigraphe : « *Illuminare his qui in tenebris et in umbrâ mortis sedent.* » L'auteur est M. Julien Dallière, membre de l'Université.

« Studieux souvenirs et naïve admiration du génie d'Augustin, succession d'images empruntées aux premiers siècles chrétiens et à la gloire récente de la France, dans les mêmes lieux, devant le même autel et le même tombeau, poésie correcte, harmonie mêlée d'émotion, il y a beaucoup à louer dans ce poème. »

M. Villemain faisait en même temps connaître qu'une *seconde médaille* était « par une honorable exception, » accordée à M. Alfred des Essarts, et enfin que l'Académie décernait une mention à M. le Dr Eugène Villemin, qui, dans un sujet si grave, avait introduit, avec une fiction douteuse, des vers d'un tour libre et piquant.

Deux pièces encore, les nos 37 et 82 étaient signalées par le Secrétaire perpétuel « comme ayant offert le vif sentiment des plus nobles souvenirs et quelques sentiments de naturel et de force. »

M. Alfred des Essarts qui avait remporté la seconde médaille, dans le concours sur Saint Augustin, avait en 1841, obtenu le premier rang dans le concours où l'Académie avait donné pour sujet *l'Influence de la civilisation chrétienne en Orient.*

M. le Dr Eugène Villemin dont M. Villemain affectait un peu méchamment d'écrire et de prononcer le nom *Wuillemine*, était le lauréat qui avait obtenu le *prix* offert par le Dr Véron à la Société des gens de lettres, pour un poème sur *Paris Nouveau*.

Les auteurs des pièces nos 37 et 82 distinguées en troisième ligne, ne se firent pas connaître, lors de la séance de l'Académie : l'un était M. A. Testet, de Chartres. l'autre, M. Siméon Pécontal. bibliothécaire au Corps Législatif.

Le poème de Dallière sur *Saint Augustin* produit l'impression d'un beau triptyque, où sont peints dans un ton à la fois sobre et fort, trois larges tableaux d'histoire et de philosophie chrétiennes.

Le prologue intitulé le *Signe de la Croix* nous montre le Christianisme poursuivant sa marche dans le monde, et, du pied du Calvaire, arrivant victorieux au pied du Capitole.

Sur tous les océans la nacelle de Pierre,
Libre, voguait enfin dans les flots de lumière,
Emportant ces pêcheurs dont le Maître parlait ;
La journée était bonne, et l'ouvrier sublime
Voyait sous le butin retiré de l'abîme
Plier le céleste filet.

C'était l'heure où la foi peuplait les thébaïdes,
Où le bon grain germait dans les sables arides,
Où la croix étendait ses bras sur tout chemin,
Où le Christ empruntait la voix des Chrysostômes
Pour dissiper la nuit et les pâles fantômes
De l'Olympe grec et romain....

L'humanité marchait. Seule, la cité reine,
Veuve des jeux cruels de la sanglante arène,
Le front découronné, Rome résiste encor,
Et, les yeux éblouis de l'éclat des miracles,
Lorsque ses dieux s'en vont, invoque leurs oracles
Aux pieds de Jupiter Stator !

Jalouse, elle reporte un regard en arrière ;
Mais le Tibre n'a pas d'assez forte barrière
Pour arrêter le Dieu qui la veut conquérir.
Ce n'est point le flamine et la jeune vestale
Qui pourront arracher à son heure fatale
Le monde ancien qui va mourir.

Elle garde son culte à son fier Capitole ;
Jamais plus de ferveur n'entoura chaque idole,
Jamais vers Quirinus plus d'encens ne monta.
Chacun croit revenir aux beaux jours des ancêtres,
En revoyant leurs jeux, leurs augures, leurs prêtres
Et le feu sacré de Vesta...

Vains efforts ! Jusqu'au sein de ses dieux domestiques,
L'aruspice, le soir, au bruit des saints cantiques,
Près du chaste foyer de deux jeunes époux,
Entend son petit-fils, d'une voix enfantine,
Bégayer du *Pater* la prière divine,
En s'endormant sur ses genoux (1).

Mais déjà ce n'est plus contre l'invasion des doctrines de l'Évangile que Rome va se défendre : une autre invasion se prépare, — non plus une invasion pacifique, mais celle des Barbares...

(1) Historique.

. . . . , ...

Partout Rome s'affaisse avec ses Dieux sans nombre ;
Mais qu'il faut de clartés pour pénétrer tant d'ombre !
Quel Dieu va s'emparer du ciel de l'avenir ?
— C'est la vie ou la mort, la nuit ou la lumière,
Ou l'horrible hécatombe, ou la sainte prière,
L'espérance ou le souvenir...

Ce sera l'espérance ! Et la Rome éternelle
Renaîtra de sa cendre et plus grande et plus belle ;
Berceau régénéré de cent peuples divers,
Et du monde nouveau moderne métropole,
Toujours reine, du haut d'un autre Capitole
Elle embrasse encor l'univers (1) !

Mais il faut pour cela guérir la lèpre immonde
Qui dévore le sein de la reine du monde,
Mais il faut dans la plaie et le fer et le feu.
— Quand le Ciel a parlé, Rome, courbe la tête :
Laisse éclater sur toi la foudre et la tempête,
Et passer les fléaux de Dieu !

Le Nord a débordé... Tout s'écroule, tout tombe.
Alaric, de l'Empire, ouvre et ferme la tombe.
L'herbe ne pousse plus où son char a passé.
Juste prix de sa haine et de sa rage impie,
Comme Jérusalem, Rome idolâtre expie
Le sang chrétien qu'elle a versé !

Et l'Empire n'est plus qu'un monceau de ruines ;
Le vieil arbre est coupé jusque dans ses racines ;
Partout, sous le volcan, la cendre et les tombeaux !
Sur le monde Romain, les Goths et les Vandales

(1) Saint Augustin. *Cité de Dieu.*

Lancent les flots impurs de leurs hordes rivales,
Et s'en disputent les lambeaux.

Le fléau marche, marche ; en sa course sauvage
Il détruit pour détruire, il porte le ravage
Jusqu'au fond des déserts où régnait Jugurtha,
Déroule ce linceul et ces voiles funèbres
Qui vont ensevelir en de longues ténèbres
Madaure, Carthage et Cirtha...

Et toi, qui fièrement sur ta sainte colline
Vois briller ce flambeau dont l'éclat illumine
Les hauteurs de l'Atlas et l'horizon lointain,
Hippone, c'est en vain qu'en tes vives alarmes
Tu remplis de soupirs, de prières, de larmes,
La basilique d'Augustin !

Augustin ! le grand nom de l'évêque d'Hippone va remplir toute la seconde partie du poème couronné par l'Académie.

La France a conquis cette terre d'Afrique où la civilisation romaine n'est plus visible que dans les vestiges de quelques monuments en ruines ; où, surtout, on chercherait vainement les vestiges de cet édifice moral, — de cette *Cité de Dieu* idéalement élevée par les efforts d'Augustin et de ses disciples.

Quoi ! de son souffle impur, Seigneur, la Barbarie
De l'Église d'Afrique éteindrait le flambeau !
L'Hippone d'Augustin, son bercail, sa patrie,
Descendra-t-elle ainsi dans l'éternel tombeau ?

Laisserez-vous languir ce *sol bon et fidèle* (1),
Par l'Apôtre africain de sueurs inondé,
Ce sol qu'une martyre, une vierge immortelle (2)
D'un sang si pur a fécondé ?

N'écarterez-vous point les ronces, les épines
Dont le mortel amas l'étouffe enseveli ?
Et ne viendrez-vous pas réparer les ruines
De votre temple démoli ?

— Le Vésuve de son cratère
Lança les torrents redoutés,
Et sa lave, au sein de la terre,
Engloutit de nobles cités !

Dix-huit siècles passés : au lever de l'aurore,
Un jour le laboureur tout à coup s'arrêta,
En entendant le bruit métallique et sonore
De l'airain enfoui que sa herse heurta...
Et la terre fouillée entr'ouvrit ses entrailles,
Et vit se réveiller, après un long sommeil,
Forum, temples, palais, portiques et murailles,
Surpris de revoir le soleil !

L'Afrique dort aussi sous un monceau de cendre.
Doit-elle encor, Seigneur, doit-elle encore attendre ?
Verra-t-elle briller le jour libérateur ?
Ainsi qu'Herculanum Hippone disparue
Renaîtra-t-elle, un jour, au choc de la charrue
Que pousse un bras réparateur ?

Et là-haut Augustin tressaille d'espérance ;
Le doigt de l'Éternel lui désigne la France.

(1) Saint Luc.
(2) Vivia.

Qu'il entrevit dans l'ombre et qu'il voulut bénir ;
La France, qu'ombrageait le chêne druidique
Dont elle garde encor, sous l'arbre évangélique,
Le mystérieux souvenir...

La France, qui, debout, active sentinelle,
Reine de l'Occident, veille sur l'univers,
Grande, sans imiter cette Rome éternelle
Qui ne donnait ses lois qu'en imposant des fers ;
La France aussi vaillante, et non pas moins féconde,
Qui, comme le soleil, roi de l'immensité,
Visite chaque peuple, et verse sur le monde
Et sa chaleur et sa clarté !

Le poète évoque tous les souvenirs de cette vie d'Augustin. où les passions humaines et le doute troublent les jours de la jeunesse, où la sérénité apparaît enfin dans les rudes labeurs et les fermes convictions de l'âge mûr et de la vieillesse. Nous voyons Augustin tel qu'il s'est peint lui-même dans ses *Confessions*. Voilà les tortures de sa conscience. les indécisions de sa volonté qui, tour à tour, pousse en avant et recule effrayée d'elle-même ! Voilà les résolutions suprêmes ! Voilà l'éblouissement du nouvel apôtre sur son chemin de Damas ! Voilà l'adieu. à la fois plein de douleur et d'immortelle espérance du fils, devenu chrétien, suivant dans l'élan de son cœur cette mère, Monique, qui a quitté le monde d'ici-bas, mais en l'entraînant avec elle dans les visions d'un au-delà !...

Longtemps il a, Seigneur, recherché votre étoile,
Et suivi sur les mers plus d'un astre menteur...
Dans l'océan du vrai, voguant à pleine voile,
Il vient enfin d'entrer, hardi navigateur !
— C'est son immensité, sa grandeur infinie,
Que Dieu lui fait sonder, mesurer tour à tour (1) ;
Fertile et large champ pour son vaste génie,
Son éloquence et son amour.

Quelles félicités inondent tout son être,
Quand, le soir, contemplant cette voûte d'azur,
Il écoute Monique au bord de la fenêtre
Qui s'ouvre sur la mer au flot limpide et pur !
Sur ses ailes de feu l'amour, qui les embrase,
Les enlève à la terre, et, du cœur et des yeux,
Ils peuvent savourer, dans leur divine extase,
Toutes les voluptés des cieux (1) !

« Adieu, mon fils, adieu ! dit Monique ravie :
« Je ne veux plus quitter les parvis éternels.
« Du courage, et sans moi retournez dans la vie :
« Votre tâche est là-bas, dans les champs paternels.
« Ballotté sur des mers fertiles en naufrage,
« Inquiète, longtemps je vous suivis du bord...
« Pour rendre grâce à Dieu je m'en vais du rivage,
« Puisque je vous vois dans le port ! »

Ces vers ne sont-ils pas un admirable écho du dixième chapitre des *Confessions :*

« Le jour s'approchant, dit saint Augustin, que ma

(1) Ut possitis comprehendere cum omnibus sanctis quæ sit *latitudo, longitudo*, et *sublimitas*, et *profundum...*
(S. Paul aux Ephésiens, III, 18.)

mère devait passer à une meilleure vie, et ce jour vous étant connu, Seigneur, encore que nous l'ignorassions, il arriva, comme je crois, par la secrète conduite de votre sagesse, que nous nous trouvâmes seuls, elle et moi, appuyés sur une fenêtre qui regardait dans le jardin de la maison où nous logions à Ostie, qui est le lac où le Tibre entre dans la mer, et où, en nous éloignant du bruit, ensuite du travail d'un long chemin, nous nous préparions pour nous embarquer.

« Étant donc seuls, nous nous entretenions avec une extrême consolation . . . .

. . . .

Nous disions donc : s'il se trouvait une âme exempte des impressions que les sentiments du corps lui donnent ; qui ne fût point remplie des images de ce qui est sur la terre, sous les eaux et dans les airs ; qui n'eût aucune pensée des cieux ni d'elle-même, mais qui sans songer à soi, passât hors de soi, et pour qui tous les songes, toutes les images qui remplissent l'imagination, toutes les voix, tous les signes, et tout ce qui ne fait que passer s'évanouit entièrement ; car, si quelqu'un écoute ces choses, elles lui diront toutes : « Nous ne nous sommes pas faites nous-mêmes, mais nous tenons l'être de Celui qui subsiste éternellement ; » si donc, toutes ces choses se taisaient après nous avoir parlé de la sorte, et nous avoir rendus attentifs à écouter celui de qui elles tiennent l'être, et que lui seul nous parlât, non plus par elles, mais par lui-même, en sorte que nous entendrions sa parole, non par une langue mortelle, ni par la voix d'un ange, ni par le bruit du tonnerre, ni par l'énigme d'une parabole ; mais que ce fût lui-même que nous aimions en elles, qui nous parlât sans elles, comme à présent notre âme s'élève par le vol impétueux de sa pensée jusqu'à cette sagesse éternelle, qui possède un être immuable au-dessus de toute chose ; si cette sublime contemplation continuait et que toutes les autres vues de l'esprit, qui sont d'une nature entièrement différente, étant cessées, celle-là absorbât l'âme et la comblât d'une joie toute intérieure et toute divine, et que la vie éternelle fût semblable à ce ravissement de Dieu, que nous venons d'éprouver pour un moment, et après lequel notre âme soupire encore ; ne serait-ce pas l'accomplissement de cette parole de l'Écriture : « Entrez dans la joie de votre Seigneur? »

Si les vers de Julien Dallière rappellent la magnifique méditation de l'évêque d'Hippone, ne rappellent-ils pas aussi une œuvre d'une nature bien différente, — une œuvre d'art, qui, elle aussi, entraîne la pensée vers les sphères les plus hautes et les plus sereines : en lisant les strophes du poète, ne revoit-on pas l'admirable tableau d'Ary Scheffer, — *Saint Augustin et Sainte Monique ?*

Il n'est personne qui ne croirait que le poète s'est souvenu du peintre et s'est inspiré de ce tableau, « où l'élan de la béatitude, la vision du surnaturel sont rendus sensibles et fixés sur la toile (1). » Eh bien ! non : lorsque Julien Dallière traduisait par ses vers le tableau d'Ary Scheffer, il ne l'avait jamais vu et ne le connaissait pas même par la gravure, qui n'existait pas encore ou était encore fort peu répandue : ce fut plus tard seulement qu'il vit l'œuvre du peintre, avec un mélange de stupeur et de ravis-

(1) Vitet. — *Étude sur Ary Scheffer.*

sement. comme si sa pensée intime lui apparaissait, tout à coup, reflétée dans un miroir. Noble communion des esprits et des cœurs que de telles rencontres !

Le sujet mis au concours par l'Académie française avait particulièrement précisé un poème sur les *Restes* de saint Augustin, rapportés à Hippone.

Ce retour d'une partie des *reliques* du saint évêque, — son bras droit, — aux lieux où fut sa basilique : les cérémonies imposantes qu'un tel spectacle faisait naître pour la grandeur morale de la civilisation, offraient au poète, pour terminer son poème, un grandiose épilogue...

Ce n'est pas seulement pour des œuvres humaines,
Pour creuser des canaux, pour ouvrir des chemins,
Que Dieu nous fit marcher sur les traces romaines :
Pour un plus noble usage il réserve nos mains !
A nous de ranimer cette terre flétrie,
De transformer ce sol barbare et désolé,
De rendre à son Hippone, à sa chère patrie,
Un fils trop longtemps exilé !

Le navire a quitté la côte hospitalière
Où se cacha longtemps le précieux trésor (1),
Et, sous un ciel d'azur, inondé de lumière,
Il porte avec orgueil son tabernacle d'or !

(1) Les ossements d'Augustin avaient été transportés par des fidèles en Sardaigne, après l'invasion des Vandales au IVe siècle.

Salut au *Gassendi*, nom chéri des étoiles !
Salut à nos Bretons, ses dignes matelots (1) !
Que votre esprit, Seigneur, qui dirige leurs voiles,
Souffle aujourd'hui seul sur les flots !

L'œil tourné vers la France, en face du rivage
D'où le Sarde nous jette un fraternel adieu,
Cortège de l'apôtre, un pieux équipage
Sur cet autel flottant s'incline devant Dieu !
Le Ciel semble sourire au vaisseau qui s'arrête
Pour prier l'Éternel de le conduire au port.
Le Gassendi, paré comme en un jour de fête,
Frémit d'un généreux transport !

Oh ! ce temple convient au mystère sublime,
Et Dieu, des profondeurs de son immensité,
Sur ce frêle vaisseau suspendu sur l'abîme
Descend dans sa grandeur et dans sa majesté.
Entonnez, ô prélats, vos hymnes d'espérance !
Cette noble Sardaigne est une sœur pour nous,
Et l'Afrique n'est plus qu'une nouvelle France
Dont le cœur tressaille avec vous !

Priez, oh ! priez donc autour de ces reliques,
Que porte avec respect le flot silencieux !
Faites monter l'encens et la voix des cantiques
De l'infini des mers à l'infini des cieux !
Pour verser tous ses dons le Seigneur vous rassemble.
Le bras droit d'Augustin aux vôtres vient s'unir....
Depuis quinze cents ans ces trois terres ensemble
Vous attendaient pour les bénir !

(1) C'est le vaisseau *le Gassendi* qui rapporta les restes de saint Augustin ; l'équipage était composé de Bretons.

Mais, reprenant sa course un moment suspendue,
Le vaisseau disparaît dans l'immense étendue.
Heureux de son fardeau, fier de son pavillon,
Il fuit, comme l'oiseau, sur cette mer limpide
Où la visible main d'un invisible guide
Lui trace un lumineux sillon.

Bientôt l'aube du jour, sur la rive prochaine,
Colore de l'Edough la formidable chaîne,
C'est la terre, chrétiens, que l'apôtre foula !
Voici le port, voici les minarets de Bone,
Et plus loin, nous voyons ce qui reste d'Hippone
Sur les collines que voilà !

« Réjouis-toi, terre d'Afrique :
« Ce jour est le jour du réveil !
« Sors de ta cendre, ô basilique !
« Hippone, sors de ton sommeil !

« Il vient éclairer vos ténèbres,
« Le saint du Dieu vivant et fort,
« Vous qui, dans vos linceuls funèbres,
« Dormez à l'ombre de la mort (1) ! »

Il touche la terre natale,
Et soudain, ébranlant les airs,
L'hymne d'Ambroise, triomphale,
Fait vibrer l'écho des déserts (2) !

(1) ... *Illuminare his qui in tenebris et in umbra mortis sedent* .. (Zacharie) : verset chanté par les sept prélats et le clergé, en arrivant à Hippone avec les restes de saint Augustin.

(2) Le *Te Deum*.

Réjouis-toi, terre d'Afrique ;
Voici le jour du grand réveil !
Sors de ta cendre, ô basilique !
Hippone, sors de ton sommeil !

L'Académie française accorda à Julien Dallière une faveur qu'elle ne prodigue pas : elle l'autorisa à lire lui-même son poème dans la séance où son succès était proclamé, le 25 août 1856.

Les bons lecteurs sont rares, à l'Académie, comme partout ; Dallière avait désiré soutenir lui-même la fortune de ses vers dans cette circonstance solennelle : mais M. Villemain, qui était un maître dans l'art de lire et de réciter, s'inquiéta devant ce désir du poète.

— « Comment lisez-vous ? lui demanda-t-il un peu brusquement... Dites-moi quelques-uns de vos vers. »

Dallière obéit et bientôt s'arrêta lui-même, car M. Villemain l'aurait volontiers laissé aller jusqu'au bout. C'est qu'en effet, ce poète était un véritable charmeur, lorsqu'il récitait ses strophes : il en faisait une mélopée peut-être contraire aux règles strictes de la déclamation, mais singulièrement harmonieuse, et qui semblait réveiller un écho des aèdes hellènes.

Un vif mouvement de curiosité et un murmure sympathique se produisirent quand le poète parut à la tribune du Palais-Mazarin.

De haute taille, d'une allure militaire, le visage franc, où se relevait une moustache noire, la chevelure noire aussi et abondante sur le front haut et large : un ensemble de physionomie énergique adouci par le regard bleu pâle et par la distinction du geste ; la tête s'inclinant ou se relevant à la cadence du rythme : telle était la personnalité physique de Julien Dallière : je ne pourrais mieux la comparer qu'à celle de Mistral, le grand poète provençal, que j'ai entendu, dans un salon, réciter des fragments de *Mireille*, à l'époque où ce poème parut.

Dallière s'était avancé vers la tribune de l'Académie avec le manuscrit de son poème à la main. Il le posa sur le marbre, sans même le dérouler, et se mit à réciter. Cette audace, inattendue de tout le monde, et qu'aucune hésitation ne vint compromettre, produisit sur l'auditoire un effet électrique. On n'était plus en face d'un lecteur de salon : c'était quelque chose de l'impression causée par un orateur aux moments de fiévreuse improvisation. La salle entière battait des mains à chaque strophe, et Dallière entendait, derrière lui, une sorte de rugissement sourd, qu'il reconnaissait bien ; ce soupir de lion hargneux était poussé par M. Villemain, dont c'était la manière habituelle de témoigner sa satisfaction. Sainte-Beuve, moins concentré, s'écria : « Il ne récite pas ses vers.... il les fait ! »

Il paraît même que Sainte-Beuve ne se borna pas à manifester son enthousiasme à l'Académie : car, le lendemain, quand le poète se présenta chez lui, à la maison de la rue Montparnasse, pour le remercier, la servante du logis, en déclarant que son maître était absent, crut devoir ajouter :

— « Ah ! monsieur, — hier, en rentrant, M. Sainte-Beuve a dit que vous vous étiez bien *expliqué !* »

Un compliment de la bonne Laforêt devait avoir son prix, quand Laforêt traduisait, à sa manière, un compliment de Molière...

Dans la séance où les résultats du concours sur Saint Augustin avaient été proclamés, le Secrétaire perpétuel annonçait que l'Académie proposait pour sujet du prochain prix de poésie la *Guerre d'Orient*. La transition était facile entre le triomphe de la civilisation française et chrétienne sur la terre de Saint Augustin et les luttes de la France pour le maintien du prestige de l'Occident dans les régions orientales.

M. Villemain, cette fois encore, se fit poète pour appeler les poètes, et il esquissa le poème de la guerre d'Orient avec une éloquence qui n'avait qu'un tort, celui d'exposer les vers des concurrents à s'éclipser sous l'éclat de sa prose.

« La *Guerre d'Orient*, disait M. Villemain, ce grand événement, cette préoccupation de la politique moderne, est, sous des points de vue divers, pour longtemps à l'ordre du jour du XIXe siècle. Ce n'est pas seulement, en effet, la guerre de la force, le déploiement mémorable de la puissance militaire et navale : c'est surtout la guerre de la civilisation, la marche conquérante et tutélaire de la science et des arts, de la religion et de l'humanité étendant leur influence sur ces beaux climats comblés de tant de dons par la Providence divine, et longtemps si misérables par la faute des hommes.

« Nul doute, que dans les hommages rendus à l'action victorieuse de la France, cette généreuse attente d'un progrès pour le monde, cette grande œuvre que l'Occident trouve à faire, ou à surveiller en Orient, ne doive s'offrir d'abord à la pensée de l'historien et du poète. Cela même est une tradition de notre pays ; c'était le principe de l'immortelle expédition d'Égypte de 1798 ; c'était le motif de cet armement scientifique qui accompagnait l'armement guerrier, le doublait, avec grandeur, et, à côté des noms du général en chef et de ses glorieux lieutenants, les Desaix, les Davoust, les Kléber, faisait briller les noms des Monge, des Berthollet, des Malus, des Fourier, de ces hommes dont l'Institut de France était le sanctuaire et l'empire.

« Dans un écrit sur la campagne d'Égypte, où Napoléon parle de lui-même en tierce personne, à la façon de César dans ses *Commentaires*, la dernière postérité lira cette phrase mémorable : « Il avait jeté les fondements désormais solides de la plus magnifique colonie ; il avait ramené les arts et les sciences à leur berceau. » L'événement a trompé cette espérance : mais, la noble vocation qu'elle attribuait à la France subsiste toujours et n'a cessé d'agir sous d'autres formes. Héroïque et désintéressée dans la guerre, la France, depuis plus d'un demi-siècle, a, tour à tour, attaqué l'apathie de l'Orient par la conquête passagère de l'Égypte, par la libération permanente de la Grèce, par la possession chaque jour plus stable et plus étendue de l'Algérie, enfin par le protectorat du Bosphore et de ses deux rivages. Elle continuera sans doute cette mission cosmopolite. La guerre n'est qu'un instrument. Le progrès moral des pouvoirs, l'adoucissement du sort des peuples, le bien-être accru par l'ordre et le travail dans de fertiles contrées, le commerce réparant les maux destructeurs et civilisant le monde par les arts, c'est là ce qui doit sortir d'une guerre politique, et ce qui couronne la victoire elle-même : c'est là ce qui doit être de jour en jour mieux compris, et ce qui sera bientôt mieux célébré.

« Ainsi, puisse apparaître, pour le bien de l'humanité, l'ascendant de l'Europe savante et guerrière ! que cette seconde moitié du XIXe siècle, ouverte par de si rudes combats entre de grands peuples chrétiens, voie s'acheminer l'œuvre plus grande encore de la civilisation dans l'Orient ! Le génie de l'homme, chaque jour fortifié de découvertes nouvelles, est aujourd'hui le conquérant qui commande les travaux créateurs, qui rapproche les continents, qui réunit les mers. Alexandre, dont les armes changèrent le commerce du monde, avait eu la pensée de renouveler l'antique canal qui joignait la mer Rouge au Nil, et de communiquer ainsi d'Aden à sa ville d'Alexandrie. La mort ne lui en laissa pas le temps. Espérons que de nos jours, l'esprit européen, qui ne meurt pas, osera, malgré quelques obstacles, par le triple pouvoir de la science, de la richesse et du bon sens public librement exprimé, rendre l'Égypte à la vie et aux arts, et qu'en ouvrant à la navigation l'isthme de Suez, il abrègera de moitié la route de l'Occident éclairé vers l'Orient barbare! »

Julien Dallière ne se décida que difficilement à prendre part au concours sur *la Guerre d'Orient* : ce sujet, ne l'avait-il pas déjà traité presque tout entier dans son poème l'*Aigle* par les côtés militaires, et dans son poème de *Saint Augustin* par les côtés de haute philosophie? Un jour, pourtant, après bien des hésitations, il se trouva que la pièce était faite et qu'elle prenait le chemin de l'Académie, où, dans la séance du 19 août 1858, le poète de *Saint Augustin* était, encore une fois, proclamé vainqueur en première ligne.

Les concurrents, séduits par ce sujet patriotique et militaire de la *Guerre d'Orient*, avaient été plus nombreux encore qu'au concours sur *Saint Augustin*.

et la lutte amena, entre les juges, des débats dont le bruit retentit jusqu'au dehors.

Un poète, peu connu par ses œuvres et très connu par certaines circonstances douloureuses de sa vie, par les sympathies que ses malheurs et sa droiture de caractère entretenaient chez des amis illustres, de Vigny, Lamartine, Jules Janin, — et aussi, s'il faut tout dire, par les excentricités d'un amour-propre excessif, — M. Adolphe Dumas était entré en ligne.

C'est lui qui disait un jour à Alexandre Dumas, père :

« Le dix-neuvième siècle aura eu les deux Dumas comme le XVIIe siècle a eu les deux Corneille, Pierre et Thomas... »

— « Vous n'êtes pas modeste, *Thomas* ! » riposta Alexandre Dumas en lui tournant le dos.

Adolphe Dumas qui avait eu une médaille « en dehors du prix, » dans le concours sur l'*Acropole d'Athènes* (1854) où Mme Louise Colet avait été couronnée en première ligne, fit savoir dans tout Paris qu'il concourait pour la *Guerre d'Orient* et que le prix lui était assuré d'avance. L'Académie ne fut pas de cet avis et elle le lui prouva finalement.

M. Villemain, particulièrement, manifestait une horreur profonde pour la pièce qui lui était présentée comme un chef-d'œuvre.

— « Ça m'est bien égal, disait-il, qu'on fourre à la queue d'une strophe : *Est in conspectu Tenedos*

S'imagine-t-on me faire prendre cela pour un bon vers français ? »

La pièce d'Adolphe Dumas aurait pu être enterrée assez prestement sans l'intrépidité acharnée qu'Alfred de Vigny mit à la défendre : attachement envers un ami malheureux, reconnaissance fidèle envers un des néophytes les plus ardents du romantisme au temps où le romantisme débutait dans le monde. Alfred de Vigny avait promis la couronne à Adolphe Dumas, et. malgré Minerve, il entendait la lui donner.

Mais Sainte-Beuve était là. et Sainte-Beuve professait pour les vers d'Adolphe Dumas, une antipathie égale à l'enthousiasme d'Alfred de Vigny.

Ce fut alors, entre le poète d'*Eloa* et le poète des *Pensées d'Août*, une discussion ou plutôt une dispute qui prit des proportions effrayantes : toute réserve faite sur l'immense talent des deux adversaires, on croyait presque assister à une scène bien connue des *Femmes savantes*. L'affaire fut si chaude que Sainte-Beuve, avec quelques atténuations, en a conservé le souvenir dans ses *Causeries du Lundi*, du *Moniteur* :

« M. de Sacy est de l'Académie, et, à ce titre, il a charge, pour sa part, d'entendre et de juger chaque année nombre de pièces de poésie et de prose, qui y sont adressées pour les concours. Il y a quelque temps, on lisait dans une séance particulière pour la seconde ou la troisième fois, et en dernier ressort. une de ces pièces de vers pénibles, laborieuses, sillonnées çà et là de lueurs, mais pleines de précipices et à se casser le cou à chaque pas ; c'était un supplice pour tous. Notez que, sans nommer l'auteur de ces vers, je me garderais bien de faire l'allusion même la plus lointaine à son poème rejeté et enseveli, si lui-même, par son procédé, n'avait depuis lors rompu toute mesure et ne nous avait dégagés du secret, en s'attaquant d'une manière inqualifiable (et de quoi n'est pas capable un poète piqué !) — en s'attaquant, dis-je, à des juges qu'il avait non seulement choisis, mais sollicité, très humblement (1). On lisait donc cette pièce, un poème fort long, fort dur, fort inégal, où tous les tons se heurtaient et où tout dansait à la fois, et on allait jusqu'au bout par conscience, par égard pour les traces de talent qui s'y réveillaient, pour les étincelles qui sortaient de la fumée, pour les éclairs qui sillonnaient la nuit. On écoutait, mais on souffrait. La lecture très bien faite, — trop bien faite, — par un académicien poète (M. Alfred de Vigny), qui sait le prix des moindres vers et qui caresse tout ce qu'il

(1) Sainte-Beuve, qui tient à ce que l'exécution soit complète, ajoute en note :

« Je serai plus clair en réimprimant ici cet article, que je n'avais cru devoir l'être d'abord dans le *Moniteur :* il s'agissait d'un poème sur la *Guerre d'Orient,* par M. Adolphe Dumas, lequel, pour nous punir de ne l'avoir pas couronné, a fait dire quelques jours après dans les journaux à sa dévotion, que l'Académie avait des sentiments *trop russes* pour apprécier les beautés patriotiques de son ouvrage. »

touche, ajoutait à la souffrance en étalant complaisamment les défauts comme on eût fait des qualités et en les mettant dans leur plus beau jour... Quand il eut fini, et qu'on fit ce qu'on appelle un tour d'opinions, il n'y eut qu'une voix chez tous ceux qui l'avaient entendu. On rejeta la pièce, mais elle avait produit son effet. Quelques-uns étaient sortis avant la fin : quelques autres, en demeurant, n'avaient pu dissimuler leur impatience. J'avoue que j'étais de ceux-là; à un moment, j'avais crié. Or M. de Sacy qui était resté jusqu'au bout et qui avait écouté en silence, avait apparemment souffert plus qu'un autre dans son bon sens, et dans ses habitudes de bonne langue, de bonne logique, de logique de Port-Royal. Il rentra chez lui après la séance et se sentit indisposé ; il le fut pendant plusieurs jours. Voilà une indisposition à la Despréaux, qui lui fait honneur, et qui prouve sinon la force de ses nerfs, du moins la santé de son esprit. »

Sainte-Beuve, dans ce récit amusant, n'a pas tout dit sur l'épisode où il avait personnellement joué un rôle si animé : il oublie trop lui-même ses propres émotions pour ne parler que de celles du pacifique M. de Sacy.

Mes souvenirs personnels très lointains, mais très exacts, me permettent de compléter cette scène dont j'ai connu les détails presque dès le lendemain.

« Quelques-uns ne pouvaient dissimuler leur impatience, dit Sainte-Beuve : — j'avoue, ajoutet-il, que j'étais de ceux-là ; à un moment j'ai crié. »

Oui, certes, il avait crié ! Ne se contenant plus, tout d'un coup, Sainte-Beuve avait bondi de son siège et s'était mis à parcourir la salle, les bras tendus, en criant d'une voix suraiguë : « J'ai mes nerfs ! J'ai mes nerfs ! J'ai mes nerfs ! » Puis, saisissant un crayon, il écrivit quelques mots sur un papier qu'il plia et qu'il lança à Alfred de Vigny comme il lui eût jeté son gant... Mais Sainte-Beuve, se souvenant peut-être de son duel mémorable sous un parapluie, et n'en souhaitant pas un nouveau, fit immédiatement un geste plus modéré :

— « Vous lirez cela, tout seul... chez vous ! chez vous ! » dit-il à Vigny.

On s'interposa : le papier disparut. Ce qu'il contenait ?... Ces simples mots : « Comment peut-on être à la fois gentilhomme, poète et Trissotin ? »

Apostrophe injuste dans une querelle où il n'y avait assurément ni Trissotin, ni Vadius : l'affaire en resta là, et, on ne se *vit* pas *seul à seul*, — même *chez Barbin !*

Le poème d'Adolphe Dumas avait été bruyamment mais complètement enterré : l'œuvre d'un autre concurrent, M. Siméon Pécontal, fut, avec moins de fracas, mais avec des titres beaucoup plus sérieux, mise en comparaison avec l'œuvre de Julien Dallière : elle obtint une *mention très honorable*.

M. Siméon Pécontal, dans ce poème sur la *Guerre d'Orient*, comme dans beaucoup d'autres pièces, a montré souvent les qualités d'un poète de premier ordre ; malheureusement, ce puissant essor ne se maintenait pas : des défaillances subites coupaient court à ses plus vastes battements d'aile ; et c'était vraiment dommage, quand on songe à tout ce qu'il y avait de valeur intellectuelle et morale dans ses inspirations, quand elles parvenaient à leur plénitude.

Si le vers était parfois insuffisant, le cœur ne faisait jamais défaut chez lui : avec pleine loyauté, il applaudit au succès de Dallière, son rival et son vainqueur : le concours, où ils avaient été adversaires, devint pour eux la source d'une sincère et durable amitié.

Siméon Pécontal n'avait obtenu qu'une *mention*. — mais cette *mention*, qualifiée de *très honorable*, prit dans la séance du 25 août 1858, grâce à M. Villemain, l'importance d'un *prix* que beaucoup eussent envié. Pécontal avait eu l'art de toucher, chez l'illustre Secrétaire perpétuel, une des fibres les plus sensibles : il avait parlé de la Grèce et de l'Asie-Mineure, du réveil espéré des lettres et des arts dans ces admirables contrées, et M. Villemain ne put résister au plaisir de lire lui-même ces vers qui prenaient sous sa voix le son d'une lyre aux cordes d'or et d'airain :

On vous verrait bientôt renaître de vos cendres,
O reines de l'Asie ! opulentes cités,

Empires d'Orient autrefois si vantés!
Les arts, fils de la paix, auraient leurs Alexandres;
Le savoir vous rendrait ses fécondes clartés.
Ces lieux aux noms si doux, cette belle Ionie,
Dont Homère parla l'idiome divin,
Ces archipels en fleurs, ces coteaux où le vin
Versait la joie au pauvre et la flamme au génie,
Peut-être sortiraient de leur longue torpeur;
Et les peuples saisis d'une sainte stupeur,
En se sentant renaître à l'appel de la France,
Cet Orphée immortel, dont l'incessante voix
Attire, en les charmant, les hommes à ses lois,
Entonneraient enfin le chant de délivrance!

Bien jeune, presque enfant alors, j'assistais à la séance de l'Académie française: mais il me semble encore entendre la voix de M. Villemain résonnant de son timbre métallique et ferme qui rappelait l'organe du grand tragédien Beauvallet; puis, M. Villemain trouva presque aussitôt l'accent de la pitié, de la tendresse larmoyante, quand il jeta cet adieu du poète aux soldats français tombés sur le sol de la Crimée :

O vous, objets touchants de regrets et d'orgueil,
Vous, dont les os sacrés n'ont pas même un cercueil,
De soldats inconnus glorieuse hécatombe!

. . . .

Le Dieu qui sait combien les larmes sont amères,
Quand, sur leurs enfants morts dans de lointains climats,
La douleur les arrache aux yeux des pauvres mères,
Ce Dieu, héros perdus! ne vous oublira pas!
Il vous fera trouver place dans son royaume,
Vous qui, comme son fils, êtes nés sous le chaume!

Après avoir lu ces fragments du poème de Siméon Pécontal, — le Secrétaire perpétuel se hâta d'ajouter : « Quelque soit l'intérêt de ces beautés éparses, l'Académie a préféré une œuvre sentie également avec âme et travaillée avec plus d'art, dont l'auteur est M. Julien Dallière : » et le lauréat en première ligne fut invité à dire lui-même son œuvre, comme il l'avait fait pour *Saint Augustin*. Redoutable épreuve, après le succès que venaient d'obtenir les vers de Pécontal et la déclamation de M. Villemain : mais le public n'eut pas besoin d'indulgence et n'eut pas à subir une désillusion.

Dallière n'avait pas les notes profondes qui mettaient un bruit de bronze dans les vers récités par M. Villemain, mais ce fut avec la vibration de l'âme elle-même qu'il lança, comme un cantique, le début de son poème :

Mystérieux climats, région de l'aurore,
Terre où s'est élevé l'arbre qui nous sauva,
Terre au sein déchiré, toute fumante encore
De la foudre de Jéhova,

Reine de l'Orient, oracle des vieux âges,
Écho des voix d'en haut, parle et me dis pourquoi
Les peuples tour à tour sur les traces des Mages
Poursuivent leur route vers toi... ;

Pourquoi, sainte cité, gardienne séculaire
Du sépulcre où ton Dieu fut scellé de ta main,
Ton nom, comme le cri qui partit du Calvaire,
Plane encor sur le genre humain ;

Pourquoi l'homme jouet du vent et de l'orage,
Des horizons lointains où le sort l'a jeté,
Remonte incessamment de rivage en rivage
Vers le berceau qui l'a porté...

Comme si, d'âge en âge, il avait à résoudre
Sur ces bords dévastés par le fer et le feu,
Un problème inconnu qu'eût tracé dans la poudre
Le doigt symbolique d'un Dieu...

Comme si cette terre en prodiges féconde,
Terre où tout commença, terre où tout doit finir,
Gardait, pour l'envoyer aux quatre points du monde,
Le dernier mot de l'avenir !

Voilà l'idée morale posée : le poète ne veut pas seulement nous montrer des combats, faire le récit de cette *Iliade* de onze mois, qui se déroula sous les bastions de Sébastopol : il entend dégager avant tout le principe qui domine dans la question d'Orient, — cette idée de communauté fraternelle et civilisatrice, qui doit faire, des pays de l'aurore, non la part d'un seul, mais le plus beau domaine du monde ouvert à tous et au profit de tous.

Est-ce à dire que les faits matériels de la politique et de la guerre ne tiennent pas une grande place dans le poème couronné par l'Académie française : si, assurément, et il faut qu'il en soit ainsi ; mais l'idée générale domine et enveloppe tous les épisodes historiques comme un rayon dans un fond de tableau.

Le mot *Iliade* vient naturellement sous la plume quand il s'agit de cette grande guerre d'Orient, à cause du siège de Sébastopol : il serait peut-être plus dans le rapprochement logique des choses, si l'on veut faire un rapprochement avec l'antiquité, de songer aux *Perses* d'Eschyle.

En effet, ce qui se joue dans le duel de Crimée, c'est, comme au temps des guerres Médiques, l'indépendance des peuples d'Occident contre la volonté envahissante d'un maître absolu de l'Orient : d'un côté, les nations ; de l'autre, le conquérant.

Julien Dallière, dans son poème, a très bien saisi ce trait caractéristique de la guerre de 1854 : une part immense est faite à la personnalité de l'homme qui a voulu cette guerre, qui l'a provoquée, et qui, finalement, a succombé dans ce choc contre les peuples d'Occident.

Le Czar Nicolas est le personnage nécessaire du poème sur la *Guerre d'Orient*, comme Xerxès, — invisible, — est le personnage nécessaire de la tragédie des *Perses*.

Il ne faudrait pas pousser trop loin ce rapprochement : les Grecs, au temps d'Eschyle, se plaisaient à ridiculiser Xerxès fugitif et vaincu : le sentiment français, bien interprété dans la *Guerre d'Orient*, n'a jamais songé à voir un personnage qui prêtât à raillerie dans le terrible Czar, égaré par de téméraires desseins, mais grand jusque dans ses revers, et digne de commander à cette nation russe que la

France n'a jamais pu haïr et qui n'a jamais pu haïr la France...

Dans le palais des Czars, pendant que tout sommeille,
Que veut-il inquiet sous la lampe qui veille,
Cet homme au large front, à l'œil fascinateur ?
Son regard est profond, sa face noble et fière,
Son port majestueux, son attitude altière,
Et son geste — dominateur !

Ce colosse est le Czar, couvant en sa poitrine
Ce feu qui dévorait la grande Catherine ;
Le Czar, pontife et roi d'un peuple conquérant,
Nicolas ! agité par l'espoir — et le doute !
Sur la carte du monde il mesure sa route
Au compas de Pierre le Grand !

Il s'irrite à l'aspect de ces steppes glacées,
De ce ciel âpre et sombre ainsi que ses pensées,
Et dans la nuit passa comme un souffle de mort.
« Guerre ! s'écria-t-il, guerre ! ni paix ni trêve,
« Que je n'aie accompli le formidable rêve
« Que rêva le géant du Nord !

« Je veux que des lieux saints la clé me soit remise
« Aux portes de Stamboul, — cette cité promise !
« Je veux planter ma tente à l'Orient vermeil.
« Il est temps de franchir mes froides solitudes,
« Il est temps d'ajouter à ces climats si rudes
« Des horizons pleins de soleil !

« Pour couronner mon règne et vingt-cinq ans de gloire,
« Il me faut à cette œuvre attacher ma mémoire !
« Maître des continents, maître des vastes mers,
« Surveillant de Stamboul toutes mes métropoles,

« Et de mon double sceptre atteignant les deux pôles,
« Je veux embrasser l'univers ! »

Voilà, certes, une noble façon de parler d'un ennemi, et de rehausser en même temps. le prix de la victoire qui ne sera achetée que par tant d'efforts et par tant de sacrifices!

L'armée française et ses alliés sont sous les murs de Sébastopol : nos soldats sont décimés par les boulets et la mitraille, — enfin par le choléra...

Puis, ce fléau qui passe et les monts et les mers,
Qui brave les étés, qui se rit des hivers,
Nous suit et nous étreint entre ses bras livides...
Moins hideux, moins terrible était ce mal cruel
Que touchait à Jaffa, de son doigt immortel,
Bonaparte, plus grand qu'au pied des Pyramides !

On combat en héros, on succombe en martyr...
Alma, Gallipoli, Balaclava, Traktir,
Les sublimes horreurs d'un incroyable siège,
Tant d'épreuves, d'assauts, de labeurs, de combats,
Font battre tous les cœurs, — et réveillent là-bas
Nos pères couchés sous la neige !

Leurs vieilles légions accourent sur ces bords...
Car Dieu juste permet aux héros d'un autre âge,
Pour saluer, enfants ! votre mâle courage,
De se lever d'entre les morts !

Ils sont là, je les vois. Leurs âmes satisfaites
Reconnaissent la France aux choses que vous faites !
Si vous n'étiez leurs fils, ils en seraient jaloux !
Du fond de la Russie, à leurs voix solennelles,

Sortant de ce linceul de neiges éternelles,
Leurs drapeaux déchirés s'inclinent devant vous !

Le jour approche où tant d'efforts vont être récompensés par la victoire : la chute de Sébastopol est prévue; elle est imminente; — et, alors, le poète nous montre encore une fois le Czar déchu de ses fières illusions, mais non déchu de son indomptable énergie... La blessure faite à son orgueil de souverain va le tuer; mais il meurt avec pleine grandeur....

C'était l'heure où le Czar, durant ses nuits, l'œil sombre,
Autour de son palais, triste, errait comme une ombre,
S'arrachant au sommeil dont il est accablé...
Colosse descendu d'un piédestal sublime,
Il regarde à ses pieds, et mesure l'abîme
Que tant de sang n'a pas comblé !

— Une fiévreuse ardeur en ses veines circule ;
Son indomptable orgueil ne veut pas qu'il recule.
Sous la main qui le frappe il ira jusqu'au bout.
Inflexible, il poursuit, sans trêve, sans relâche,
Son œuvre de géant, et s'il meurt à la tâche...,
L'autocrate mourra debout !

Actif, et tout le jour sur son cheval de guerre,
Infatigable encor comme il était naguère,
Il vole ! — Mais ses yeux ne lancent plus d'éclairs.
Voyez ! son front n'a plus sa brillante auréole ;
Son éclatante voix, sa tonnante parole,
N'ébranlent plus au loin les airs.

Il poursuit, épuisant ses forces surhumaines,
Dépeuplant ses hameaux, ses cités, ses domaines...
— A la voix de leur maître, à la voix de leur Dieu,
Se lèvent, chaque jour, de nouvelles phalanges;
Et dans un rêve affreux, des murmures étranges
Lui jettent leur funèbre adieu...

Il a tout englouti, jusqu'aux vaillants navires
Qui, du nord au midi, menaçant les empires,
De tous les océans devaient sonder les flots...
Le port hospitalier est devenu leur tombe.
Devant Sébastopol chacun d'eux... sombre — et tombe
Sous la main de ses matelots!

L'orage, feuille à feuille, a dépouillé le chêne.
— Bientôt tout l'avertit de sa chute prochaine.
L'heure vient : il attend, résigné, calme et fort.
Le coup de foudre éclate : une stupeur profonde
Envahit son palais, son empire, — le monde!
« Le Czar se meurt, le Czar est mort! »

Ah! qui de son adieu saura le mot suprême?
Qu'a-t-il dit, en léguant le poids du diadème
A son fils, incliné sous le bras tout-puissant?
« Régnez, mon fils, béni des mains de votre père,
« Vivez pour vos sujets, vivez pour votre mère,
« — Je vous laisse un fardeau pesant (1)! »

N'a-t-il point ajouté, quand, près de comparaître
Devant Celui qui juge et le serf et le maître,
Ses yeux se dessillaient au flambeau de sa foi :
« Eteignez, s'il se peut, la torche de la guerre,
« De peur de voir un jour, à votre heure dernière,
« Ces flots qui passent devant moi! »

(1) Dernières paroles du Czar.

C'est aussi vers la paix que son penchant l'entraîne ;
Mais fils de Nicolas, il reste dans l'arène.
Il ne peut sans combat replier son drapeau,
Il le doit à son peuple, il le doit à sa gloire ;
Il le doit avant tout à la grande mémoire
Du Czar qui descend au tombeau !

Quand Dallière écrivait ces vers en 1856, il ne se doutait guère que dix-neuf ans plus tard, en 1875, ce fils de Nicolas, le czar Alexandre II, qui devait tomber frappé par un crime abominable, épargnerait à la France, à peine remise d'une guerre désastreuse, les horreurs et peut-être les désastres d'une guerre nouvelle. Loin de moi la pensée d'attribuer une influence politique quelconque à un poète qui ne connut de la politique que le côté de l'imagination et du sentiment ; mais peut-être est-il permis de rappeler que le poème sur la *Guerre d'Orient* couronné par l'Académie française trouva, au lendemain de la lutte de Crimée, un accueil sympathique dans la haute société Russe de Paris et de Saint-Pétersbourg : si les soldats de la France avaient porté de terribles coups à la grande et vaillante nation du Nord, on sentait que le cœur de la France était capable de les faire oublier.

Après le tableau de la prise de Malakoff, le poète n'a plus qu'à finir par un hymne de triomphe en appelant la France à compléter, par les œuvres civilisatrices de la paix, la tâche qu'elle a entreprise par les sacrifices de la guerre.

— FRANCE, suspends les coups de tes foudres rapides !
Et maintenant, tonnez, échos des Invalides !
Annoncez ce grand jour au monde qu'il sauva.
Aux acclamations des peuples de la terre,
Nous avons déchiré des fils de la Néva
Le testament héréditaire !

C'est le souffle d'un Dieu, c'est son esprit vivant,
Qui nous poussent vers toi, mystérieux Levant !
Le nom des Francs encor retentit dans Solime.
Nos pères ont du Christ délivré le tombeau,
Nous, volons aux clartés de son divin flambeau,
Délivrer tous ceux qu'on opprime !

Du Caucase au Sina, du Carmel au Liban,
Les chrétiens attendaient ce merveilleux élan.
Qu'ils ne soient point trompés! Comme dans l'ancien monde,
Rome de son seul nom couvrait tout citoyen.
Qu'il suffise bientôt, insulté, qu'on réponde :
« Je suis chrétien, je suis chrétien! »

— Noble France, poursuis, et poursuis d'âge en âge !
Des grandeurs de ton nom, des splendeurs de ta foi,
Tu lègues à tes fils l'immortel héritage,
Et les œuvres de Dieu s'accomplissent par toi (1)...
Répands, répands au loin tes gerbes de lumière
Pour diriger les pas des générations.
Tu marches à ton rang, en marchant la première
Entre les grandes nations !

Prodigue ton génie et ton sang et tes veilles
A ce vieil Orient, la terre des merveilles !
Écarte le linceul des siècles sommeillants.
Les peuples transformés marcheront sur tes traces,

(1) *Gesta Dei per Francos.*

Et tu verras alors se confondre les races
Comme les flots des océans !...

Ordonne, fait couper cet isthme qui sépare
L'Occident éclairé de l'Orient barbare !
De l'antique Gessen retrouve le sillon !
Pousse la barbarie en ses derniers repaires !
Qu'elle-même, abattant ses remparts séculaires,
Elle amène son pavillon !

— Et maintenant à toi de tresser la couronne
Pour tes braves enfants qui rentrent parmi nous...
Soldats, dans tous les cœurs votre gloire rayonne !
La France et l'Empereur vont au-devant de vous !

— Une immense clameur les salue au passage,
Ces glorieux débris, sauvés de mille morts.
On voit des pleurs couler sur leur mâle visage,
Leur aspect tout meurtri soulève des transports.

— Ils auront, eux aussi, leur arc impérissable !
D'autres, pour en jeter l'éternel fondement,
Donneront le granit : je n'ai qu'un grain de sable,
Et je l'apporte au monument !

Un des critiques les plus autorisés de la presse parisienne, M. Edouard Thierry, rendant compte dans le *Moniteur Universel*, du concours de l'Académie française, porta sur la pièce de Julien Dallière un jugement à la fois très fin et très élogieux :

« Outre le sentiment noble et vrai, l'émotion générale et l'artifice adroit de la mise en scène, la correction de style est la marque distinctive de la pièce de Dallière. Style classique, avec un peu de rhétorique à la manière de Châteaubriand. Facture de vers classique, mais relevée par le procédé plus ferme et plus savant de la prosodie moderne. Alexandrin de bon titre et de solide métal. Strophe pleine et sonore. Rime fortement marquée à double coin. On nous disait au collège que l'*Enlèvement de Proserpine*, dans un concours, remporterait le prix sur l'*Énéide*. Le poème de Dallière sent un peu son Claudien par les meilleurs côtés ; il devait avoir le prix dans un concours où manquait certainement Virgile. »

Le jugement que M. Édouard Thierry portait sur la *Guerre d'Orient* pourrait être répété sur toutes les autres œuvres de Dallière, particulièrement sur deux grand poèmes lyriques qu'il écrivit en s'inspirant d'émotions toutes locales, toutes angevines : *l'Inondation des Ardoisières* et *David d'Angers*.

Dans la première de ces œuvres Dallière a décrit les scènes terribles de l'inondation de la Loire en 1856, dont il avait été le témoin ; dans l'autre, au nom de la ville d'Angers, dont la municipalité l'en avait prié, il se faisait l'interprète du sentiment de ses concitoyens, le jour où l'on inaugurait dans la *Galerie David*, le buste du grand sculpteur, en attendant sa statue qui a été élevée depuis, sur une des places de sa ville natale.

Je ne veux pas analyser ces poèmes, par crainte de tomber dans des redites inévitables sur la forme littéraire du talent lyrique de Dallière. Elles ont des qualités analogues à celles du poème sur *Saint Augustin* et sur la *Guerre d'Orient*, quoiqu'elles aient peut-être par certains côtés un caractère d'intérêt plus restreint. Ces deux poèmes furent couronnés par l'Académie des Jeux Floraux, de Toulouse.

Dallière, comme Boulay-Paty, son prédécesseur à l'Académie française, dans le brillant concours sur l'*Arc de Triomphe de l'Étoile*, et comme bien d'autres, aimait cette Académie Toulousaine, qui a vu presque tous les poètes du XIXe siècle venir chez elle, et qui eut les premiers hommages de Victor Hugo : les six siècles qui ont passé sur la tombe de Clémence Isaure n'ont pas effacé de l'histoire littéraire, la douce et aimable figure qu'un artiste de génie, grand sculpteur et grand peintre aussi, Falguière, a ressuscitée sous son pinceau : apparition, comme illuminée de la lueur qui passe à travers un vitrail, visage doux et serein dont le regard caresse une gerbe de fleurs que le temps n'a point flétries... *His idem semper honos* (1) !

(1) Devise de l'Académie des Jeux Floraux.

CHAPITRE V

Julien Dallière bibliothécaire de la Sorbonne. — Représentations d'*André Chénier* et de *Napoléon et Joséphine* interdites sous l'Empire. — Dallière poète de *Mystères*. — La *Mission de Jeanne d'Arc* et la *Mort de Jeanne d'Arc*. — Représentation de la *Mission de Jeanne d'Arc* à l'Ambigu.

Dans le courant de l'année 1860, Julien Dallière quitta le ministère de l'Instruction publique pour occuper un poste de conservateur-adjoint à la Bibliothèque de la Sorbonne, qu'un arrêté ministériel venait de décorer du nom plus prétentieux et moins docte de *Bibliothèque de l'Université*. Le poète sortait ainsi des fastidieuses besognes de la bureaucratie pour vivre dans un milieu conforme à ses goûts et à sa dignité d'homme de lettres.

Cette nomination qui le remplit de joie était due à l'initiative personnelle de Napoléon III qui, toutefois, avait écouté les justes réclamations du Préfet de Maine-et-Loire, M. Vallon. Un jour l'Empereur dit à son ministre de l'Instruction publique, M. Rouland : « J'ai appris qu'on ne fait rien pour M. Dallière : je veux qu'on ne l'oublie pas plus longtemps. » Presque aussitôt M. Rouland fit savoir à l'Empereur qu'une place était vacante à la Bibliothèque de la Sorbonne, mais que le traitement attribué à ce poste n'était que de quinze cents francs : l'Empereur déclara qu'il doublerait cette somme sur sa cassette particulière. Même avec cette augmentation, les honoraires du nouveau bibliothécaire eussent été insuffisants, si sa fortune privée ne lui eût permis de compléter son budget de vie parisienne; mais la Bibliothèque de la Sorbonne était en somme pour lui une sinécure : trois jours seulement de service, par semaine, de onze heures du matin à trois heures de l'après-midi ; deux mois de vacances, sans compter les congés exceptionnels. On exige davantage des bibliothécaires d'aujourd'hui, — ce qui est juste : mais on ne les paie guères plus, — ce qui est un tort.

Julien Dallière garda, pour l'Empereur, la plus profonde reconnaissance : mais Napoléon III, probablement, ne se douta guère qu'en accordant cette légère faveur à un poète dont les hommages n'étaient pas ceux d'un courtisan, il atténuait une grande injustice : l'avénement du second Empire, en effet, avait entravé, et, on peut l'affirmer sans exagération, peut-être brisé l'avenir de Dallière comme poète dramatique.

L'Empire proscrivait ses deux drames. *André Chénier* et *Napoléon et Joséphine*, comme il proscrivait les drames de Victor Hugo. Si invraisemblable que soit ce fait, il est rigoureusement vrai.

En 1851, l'administration du Théâtre-Français se montrait disposée à accepter le drame d'*André Chénier*, joué sept ans plus tôt à l'Odéon.

Il eût été difficile de prendre *André Chénier* pour une pièce révolutionnaire ; mais tous les souvenirs de l'histoire républicaine effrayaient le gouvernement du Deux-Décembre : laisser jouer *André Chénier*, c'était s'engager à tolérer qu'on pût jouer d'autres drames se rapportant à des événements de la même période : la pièce de Dallière fut frappée d'interdit.

En 1860, un directeur qui avait l'administration de tous les théâtres de la banlieue de Paris, Larochelle, si j'ai bonne mémoire, s'avisa de reprendre *Napoléon et Joséphine*, qu'il voulait faire jouer sur toutes les scènes soumises à sa gestion.

Il commença par le théâtre Montparnasse : deux représentations eurent lieu avec une salle comble : avant la troisième, arriva un ordre du ministère de l'Intérieur, qui interdisait la pièce... Quel était le motif de cette inqualifiable mesure ? Dallière ne le sut jamais exactement. Craignait-on que Napoléon Ier, répudiant sa femme, parût, en 1860, plus odieux qu'il ne l'avait paru au public de l'Ambigu en 1848 ?

Y eut-il dans certaines régions de la Cour impériale des craintes d'allusions malicieuses ? Le rôle joué par Fouché souleva-t-il quelques hautes et puissantes susceptibilités ? Quoi qu'il en soit, les représentations furent suspendues par ordre du ministère, au grand détriment du directeur qui avait monté la pièce, et à la profonde douleur du poète qui avait compté sur un regain de succès devant le public des théâtres populaires.

Tout jeune étudiant, nouvellement débarqué à Paris, j'interrogeai un peu indiscrètement Dallière : il me répondit avec une très grande réserve, sous laquelle perçait une très grande tristesse : il mit une extrême convenance à contenir son amertume contre un régime dont il était le serviteur convaincu, et dont il recevait un si cruel déboire.

Ses deux drames, *André Chénier* et *Napoléon et Joséphine*, étant frappés par la censure impériale, le poète devait comprendre, — et il comprit trop bien ! — qu'il ne devait plus songer à aborder le théâtre, avec des pièces tirées de l'histoire presque contemporaine : là, cependant, eût été sa véritable voie, — celle qu'il s'était ouverte par deux succès éclatants.

Les *reprises* d'*André Chénier* et de *Napoléon et Joséphine* l'eussent ramené dans le courant moderne du monde dramatique : au contraire, il s'en écarta de plus en plus.

Dans cette même année 1860, un grave incident

acheva de le mettre en dehors du milieu où se développent les vocations théâtrales : une longue maladie faillit l'emporter : une famille amie lui donna l'hospitalité, le disputa à la mort et parvint à le sauver.

Je pus être admis auprès de lui, au lendemain d'une crise, où il avait failli succomber. Mon étonnement fut grand : je le trouvai tenant un chapelet entre ses doigts, et, par quelques mots dits à une personne présente, je devinai ce qui s'était passé : Dallière, jusque-là chrétien de sentiment, beaucoup plus que chrétien dogmatique, s'était rattaché au catholicisme, et, suivant un mot usuel, était devenu *pratiquant* : il devait le rester pour le reste de ses jours : conversion à la façon de Racine et de quelques autres hommes de lettres du dix-septième siècle, — à commencer par La Fontaine, avec lequel il avait tant d'affinités.

Ses idées religieuses étaient chez lui tout intimes : il en parlait rarement, et il n'en fit jamais affaire de parti : il sentait et croyait d'une certaine façon, ne s'affichant pas et ne se préoccupant nullement des croyances d'autrui en pareille matière.

Ce sévère épisode de sa vie n'aurait même pas été relevé ici, s'il n'impliquait dans une très large part, la transformation qui s'opéra dans le caractère de son talent et dans la nature de ses œuvres.

Dès lors, une tendance mystique le domine, et finit par absorber toutes ses facultés intellectuelles dans ce qu'elles ont de plus élevé. Rien n'est changé dans sa vie apparente : à mesure qu'il vieillit, non seulement il ne devient pas plus rigide, mais on trouve en lui plus de gaîté aimable et familière : son talent, comme nous le verrons bientôt, prend certaines notes joyeuses qui lui étaient inconnues jusque-là. Oui, mais, derrière cette joviale surface, la pensée est sévère, fascinée par de hautes et religieuses visions.

Un jour, encore enfant, dans une promenade, j'entendis Dallière exposer à mon père le plan d'une œuvre étrange : il s'agissait d'une pièce de théâtre, qui devait s'appeler les *Pharisiens* : en réalité, c'était la mise en scène de la vie de Jésus-Christ et de sa mission sociale ; — je dis *sociale* à dessein, car autant qu'il m'en souvient, le poète voulait opposer l'œuvre de la révolution pacifique du Christ à l'œuvre des révolutions violentes. On était alors en 1849 : les questions les plus brûlantes sur le sort des classes populaires étaient à l'ordre du jour, sincèrement abordées par les uns, trop souvent exploitées par les autres, et le sang des journées de Juin était à peine effacé sur le pavé de Paris.

J'ai le souvenir très net d'une des scènes du drame de Dallière : à un certain moment saint Joseph jetait à terre avec dédain son marteau de charpentier, se croyant appelé à une autre œuvre que l'œuvre de fraternité et d'humilité prêchée par son fils adoptif. Le Christ alors apaisait cette révolte de l'ouvrier insensé et lui rappelait, comme il le rappelait aux grands de la terre, que « son royaume n'est pas de ce monde. »

Mon père protestait contre l'audace d'un pareil drame, impossible suivant lui sur le théâtre moderne. Bien des années passèrent depuis cette conversation, mais je l'entends encore ; je vois encore le geste du poète imitant saint Joseph qui jette son marteau... Une fois, trente ans après, je reparlai à mon père de cet entretien : il l'avait oublié : je croyais presque avoir été trompé par mon imagination d'enfant, quand M. Geffroy, de la Comédie-Française, a cru m'apprendre que Dallière avait longtemps médité un drame dont le personnage principal était Jésus-Christ, et dont le dénoûment était la mise en croix sur le Calvaire.

Mes souvenirs d'enfant étaient exacts ; et, dès lors, l'œuvre dramatique de Julien Dallière, dans la dernière partie de sa vie, était expliquée pour moi : le poète d'*André Chénier* et de *Napoléon et Joséphine* était de longue date prédestiné à devenir un auteur de *Mystères*.

Qu'est-ce qu'un *mystère* au sens littéraire de ce mot ? Un *mystère* est la mise en scène dialoguée d'une action historique : l'émotion dramatique sort de cette reproduction simple des événements : les scènes d'invention y sont rares à côté des scènes strictement empruntées au déroulement de la chronique ou de la légende. C'est le procédé de la Grèce, dans sa première période tragique, — celle d'Eschyle, — avec cette différence toutefois, qu'en Grèce l'action est agrandie et élevée par le lyrisme.

Nos *mystères* français n'ont été, comme leur nom l'indique et comme tout le monde le sait, que la reproduction de scènes religieuses. Ces *drames narratifs*, appellation qui précise pleinement leur caractère, n'auraient-ils pu avoir d'autres sources d'inspiration ? La réponse à cette question vient d'elle-même.

« Une des sources les plus fécondes de la poésie dramatique en Angleterre, au XVIe siècle, dit M. Mézières, a été l'histoire nationale. L'emploi des matériaux historiques a valu au théâtre une grande popularité dans un pays où l'on tient aux souvenirs glorieux du passé, et fourni un fond solide et brillant aux conceptions des dramaturges. Les historiens de la littérature française ont souvent regretté que nos grands poètes du XVIIe siècle n'aient pas osé mettre en scène nos chroniques où ils auraient trouvé tant de sujets de pièces. Ce regret s'augmente encore, quand on voit tout le parti que Shakespeare a tiré de celles de l'Angleterre plus sèches que les nôtres et composées par des historiens bien inférieurs à Villehardouin, à Joinville, à Froissard, à Commines. Que de scènes dans nos vieux chroniqueurs eussent pu inspirer le génie de Racine et de Corneille ! Les sentiments chevaleresques, les mœurs guerrières, les actions héroïques, les expéditions lointaines et aventureuses qui forment le fond de leurs récits, eussent passé, sans efforts, de leurs livres dans la tragédie, dont ils avaient déjà le mouvement dramatique, et intéressé le peuple aux représentations théâtrales, qui le touchent moins, si on lui parle des anciens, que si on l'entretient de sa propre histoire (1). »

Transportée à la scène dans toute sa simplicité, l'Histoire y apparaît par là-même dans une saisissante grandeur : en quoi donc ce procédé dramatique qui a tenté Shakespeare, dont le génie a su employer tant d'autres formes et qui lui a inspiré ses drames de la trilogie d'*Henri VI*, *Henri IV*, *Henri V* et *Le Roi Jean ;* en quoi donc, ce procédé pourrait-il être condamné comme la vaine tentative d'un art impuissant et primitif ?

Nous avons aujourd'hui d'autres principes, d'autres goûts, d'autres habitudes en matière de théâtre, et il est dangereux de vouloir les braver ; mais, qui donc oserait condamner, en elle-même, une forme dramatique qui, pour n'avoir pas acquis ses droits de naturalisation chez nous, n'en est pas moins un titre de gloire que nous pouvons, avec regret, envier à d'autres littératures ?

La forme scénique du *Mystère* préoccupait Julien Dallière de longue date : il n'est pas surprenant

(1) *Shakespeare, ses œuvres et ses critiques.*

qu'elle se soit un jour réalisée pour lui dans un *mystère* tout tracé d'avance, — dans la plus patriotique légende de notre histoire nationale, celle de Jeanne d'Arc.

Ce sujet de *Jeanne d'Arc* a tenté bien des poètes, et il n'en est pas un auquel il ait complètement réussi, soit dans la poésie épique ou lyrique, soit dans la poésie dramatique. Bien peu d'artistes aussi ont su faire vivre dans le marbre, dans le bronze ou sur la toile, une image de Jeanne d'Arc, évoquant autour d'elle tous les souvenirs et toutes les visions que son nom seul éveille en nous.

Dans l'histoire, au contraire, même sous la plume des historiens de second ordre, la figure de Jeanne d'Arc apparaît avec une grandeur incomparable : son véritable portrait, œuvre d'un écrivain de génie, ne restera-t-il pas à jamais, et au-dessus de tout autre, celui qu'a tracé Michelet ?

Peut-être, ce fait si singulier en apparence pourrait-il s'expliquer : Jeanne d'Arc n'est pas une personnalité qu'on puisse isoler. on ne peut la comprendre bien qu'autant qu'on la voit dans ce cadre humain, vivant, que lui faisaient les masses populaires qui se soulevaient à sa voix parce qu'elles se reconnaissaient en elle par le cœur. L'historien peut nous montrer ce grand courant du patriotisme, ce soulèvement d'une nation qui veut sa délivrance, ces foules qui électrisent l'héroïne du peuple et sont électrisées par elle : l'historien a donc, pour faire revivre Jeanne d'Arc devant nous, des ressources puissantes qui manquent au peintre, au sculpteur, et même par beaucoup de côtés, au poète.

Julien Dallière en entreprenant audacieusement, — témérairement peut-être, — de mettre Jeanne d'Arc sur la scène, où tant d'autres ont tenté la même entreprise sans obtenir un succès complet, a eu l'intuition de la nécessité où il était de côtoyer l'histoire le plus possible et d'associer sans cesse le personnage complexe du peuple au personnage héroïque et mystique de Jeanne elle-même.

Cette façon à la fois ingénieuse et profonde de comprendre son drame l'a conduit à deux innovations dans la manière d'aborder ce sujet tant de fois traité : il a écrit sa pièce en vers libres, et, au lieu de la terminer par la catastrophe du bûcher de Rouen, il en a arrêté le dénoûment au triomphe du sacre de Reims.

Dallière soutenait que le vers tragique habituel, l'alexandrin de douze syllabes, ne pouvait produire dans une pièce sur Jeanne d'Arc le même effet que le vers libre, affectant les allures de la chronique elle-même, donnant une familière allure au langage du peuple, des soldats, et surtout permettant de citer, sans les altérer par des exigences de prosodie, les mots historiques de la Pucelle.

L'idée de faire finir sa pièce au sacre de Reims lui vint sans doute d'une méditation profonde du caractère même de Jeanne d'Arc : n'est-ce pas elle qui a toujours limité son rôle à la *mission* de délivrer Orléans et de conduire le Dauphin à Reims pour y prendre la couronne de France ?

A Reims, finit, d'après son propre témoignage, la Jeanne d'Arc inspirée, la Jeanne d'Arc conduite par ses *voix :* après Reims, elle est plus héroïque encore, plus touchante, plus grande enfin, de toute la sublimité du martyre, — mais le personnage surnaturel s'efface en elle, et il ne reste que la femme avec sa noblesse encore, mais aussi avec ses douloureuses défaillances et ses larmes devant ses juges et ses bourreaux.

La *Mission de Jeanne d'Arc* peut donc former, ainsi que Dallière l'a voulu, une pièce à elle seule ; mais, combien il est difficile au poète qui a écrit ce poème du triomphe de ne pas écrire après le poème du deuil !

Il n'est pas étonnant que l'auteur de la *Mission de Jeanne d'Arc* se soit laissé aller à lui donner une suite dans un second drame intitulé : *La Mort de Jeanne d'Arc*. La première de ces pièces a cinq actes ; la seconde en a trois ; jusqu'à présent, la première seule a paru sur un théâtre.

Retracer le double *mystère* sur Jeanne d'Arc, ce serait, très inutilement, raconter l'histoire même de la Pucelle. De Domrémy à Chinon ; de Chinon à Orléans ; de Reims à Rouen, les deux drames ne sont que la glorieuse légende traduite en dialogue et rythmée. Y a-t-il une autre interprétation possible? C'est ainsi, semble-t-il, que la vie de Jeanne d'Arc doit être présentée sur le théâtre, ou il faut renoncer à l'y mettre : ce dernier parti serait peut-être le plus sage, surtout à notre époque. Mais. devant une œuvre faite, il n'y a plus à se demander s'il était trop hardi de l'entreprendre : on peut seulement apprécier si elle s'est produite sous une forme remarquable, dans les seules conditions où elle pouvait être conçue.

Quelques extraits des deux poèmes de Dallière, la *Mission de Jeanne d'Arc* et la *Mort de Jeanne d'Arc* suffiront à prouver que si nous ne trouvons pas là le drame, sous la forme qui nous est aujourd'hui familière, du moins nous pouvons rendre pleine justice aux admirables et vastes tableaux qui nous apparaissent comme des fresques peintes sur les murs d'un temple consacré au courage, à la pureté et à la patrie.

Pendant ces huit actes qui composent les deux œuvres de Julien Dallière, nous voyons Jeanne d'Arc, comme reflétée dans les émotions de tous ceux qui l'environnent, ou dans la sublimité de sa personnalité isolée : le drame est fait à la fois de son ascendant qui s'impose à tous et de l'entraînement surnaturel que lui impose à elle-même sa mission.

Avant de nous l'avoir montrée, le poète nous la

révèle déjà dans un suave portrait, qui ressemble à une miniature de missel.

Deux des jeunes compagnes de Jeanne d'Arc, à Domrémy, Haumette et Mengette parlent entre elles de leur amie :

HAUMETTE

Oui, le son de sa voix a des charmes étranges !
— On dirait qu'on entend la parole des anges.

HAUMETTE

N'est-elle pas un ange elle-même ?

MENGETTE

En effet.

HAUMETTE

Qui n'a reçu d'elle un bienfait ?
Elle soulage, elle console,
Et son sourire ou sa parole
Relève encore ce qu'elle fait...

— Son œil, pourtant si doux, lance parfois des flammes ;
Elle a des façons de parler
Qui ravissent toutes les âmes,
Et ne sait pas même épeler...
Habile seulement à tracer dans la plaine
Le creux sillon, à le sarcler (1).

(1) « Jehanne acconvoyoit aux champs son père et ses frères, *sarcloit*, brisoit les mottes... menoit paître les bêtes aux prés verts. » (*Chronique*).

A tisser le chanvre et la laine,
Et surtout à coudre ou filer.
— Si bienveillante est sa nature
Que les oiseaux du ciel en quête de pâture,
Chantent, joyeux près d'elle. Elle émiette son pain
Et les voilà quittant leur sente de verdure
Pour venir manger dans sa main !

Bientôt Jeanne paraît : Mengette et Haumette veulent l'emmener avec elles à la fête du Mai, au Bois Chesnu ; mais Jeanne résiste : elle les renvoie doucement, et elle reste seule dans son petit jardin, auprès de l'église : elle sait que tout à l'heure, ses *voix* vont venir lui parler...

JEANNE D'ARC (seule).

Mengette, Haumette, hélas ! que j'ai l'âme oppressée...
Pour la dernière fois elles m'ont embrassée...
Je ne les verrai plus ! C'est un suprême adieu !
— Quels que soient mes regrets, je dois suivre ma route ;
Mais, ô mes saintes, qu'il en coûte
Pour se rendre à la voix de Dieu !
— Je sens déjà mon cœur se fendre !
Je ne pourrai tenir aux pleurs
Que mon départ fera répandre
Dans le pays de Vaucouleurs !
Il me faut pour longtemps abandonner ma mère,
Sans lui dire pourquoi je la quitte en pleurant,
Passer près de mes sœurs d'un air indifférent,
Et me cacher de mon vieux père !
— Qui me pousse en avant ? mes voix, toujours mes voix !
Mes saintes, nuit et jour, de mes yeux, je les vois !

Il faut que je leur obéisse !
Il faut partir, mon Dieu, partir, et sans presser
Mes frères dans mes bras, et, plus grand sacrifice,
Ma mère, sans vous embrasser,
Et sans que votre main, mon père, me bénisse !
Mais je serai docile et ferme dans ma foi.
Je donnerais mon sang, je donnerais ma vie
Et pour la France et pour mon Roi ;
Je ne suis qu'une enfant, faible roseau qui plie !
J'ai besoin que d'en haut une force m'appuie...
Vous, que j'ai soif de voir, et d'entendre toujours,
Mes saintes, je vous en supplie,
Venez, venez à mon secours,
Que votre voix me fortifie !
(Musique. — Vive clarté sur les vitraux de l'église).
Les voilà ! j'aperçois la céleste clarté !
— Elles ont en pitié regardé mes supplices ;
Mon cœur tressaille épouvanté,
Inondé cependant d'un torrent de délices !
Elles sont devant moi... je vois leurs ailes d'or.
Chères saintes, parlez, parlez, parlez encor !
(Exaltée.)
Elles parlent... j'entends !

LA VOIX

(C'est Jeanne qui dit elle-même les paroles qu'elle est censée entendre.)

« Le royaume de France
« Jusqu'en ses fondements tout près de s'écrouler,
« Attend de toi sa délivrance. »

JEANNE

(Répétant.)

Attend de moi sa délivrance !

LA VOIX

(Toujours Jeanne.)

« Le sang français partout ne cesse de couler. »

JEANNE

(Suppliante.)

Le mien dans mes veines s'arrête,
Et je sens mes cheveux se dresser sur ma tête !
« Fille de Dieu, va, va ! — Jeanne tu peux partir ! »

JEANNE

(Écoutant.)

La voix me parle encor, plus vive, plus pressante,
Elle devient plus forte et presque menaçante...
(S'inclinant.)
Ordonnez à votre servante,
Je suis prête à vous obéir !
(Transfigurée.)
O miracle ! Dieu même a déchiré le voile,
L'avenir de la France à mes yeux se dévoile,
Je vois l'Anglais en fuite et mon Roi triomphant...
L'hymne de la victoire a frappé mes oreilles
Et le Dieu créateur accomplit ces merveilles
Par la main d'une pauvre enfant !
(Elle écoute encore. — La clarté s'efface peu à peu.)
Et plus rien à présent ! — et, comme dans un songe,
Tout fuit ! Les envoyés à mes yeux sont partis...
O mes frères du paradis,
Dans quel ennui profond votre départ me plonge !
Vous qui savez me consoler,
Je voudrais avec vous, je voudrais m'envoler !

— Votre rayon divin m'échauffe de sa flamme,
Oui, oui, j'irai combattre, et de vous je réclame
Pour les travaux que j'entrevois,
O mes bons anges, ô mes voix,
Que vous intercédiez auprès du Roi des Rois,
Pour qu'il m'accorde un jour le salut de mon âme (1) !

L'interrogatoire de Jeanne d'Arc à Chinon, devant l'assemblée des théologiens, chargés d'examiner si sa Mission vient de Dieu ou si elle n'est qu'une imposture, peut être citée, comme résumant les procédés de dialogue et de style que le poète, à ses risques et périls, mais avec une très originale audace, a cru pouvoir introduire dans son œuvre.

UN THÉOLOGIEN, PASQUEREL

Jeanne, dans le hameau, qui vous apprit à lire ?

JEANNE

(Simplement.)

Personne. — Je ne sais que ce que Dieu m'inspire,
Ne connais A ni B. — Je sais, pour tout savoir,
Prier Dieu le matin, dans le jour, et le soir.

(Approbation des docteurs, — Seguin excepté.)

FRÈRE SEGUIN

(Accent limousin.)

Les prodiges souvent ne sont que sortilèges.
Des pouvoirs infernaux j'appréhende les pièges,

(1) Paroles de Jeanne.

Et je soupçonne ici, dans un pieux effroi,
Que l'esprit malin l'a poussée...

JEANNE

(Se levant, et d'une voix fière et hardie.)

Je suis vierge de corps ainsi que de pensée
Et l'enfer tout entier ne peut rien contre moi (1) !

LE THÉOLOGIEN PASQUEREL

Non loin du lieu qui vous vit naitre,
N'êtes-vous point allée écouter quelquefois
Les conseils de la Fée, à l'ombre du vieux hêtre ?

JEANNE

Non, non, je n'ai jamais écouté que mes voix.
Et je hais toute idolâtrie...

PASQUEREL

(A part.)

Fort bien.

(Haut)

Vous avez eu des confidents, je crois.
Quels furent les premiers ? et combien sont-ils ?

JEANNE

Trois.

(1) Dans les croyances du moyen âge Satan n'avait aucune puissance sur les vierges. — De là tant de discussions, tant d'interrogatoires à Poitiers et à Rouen.

PASQUEREL

(Avec empressement.)

Veuillez les nommer, je vous prie.

JEANNE

Dieu le Père, Jésus, et la Vierge Marie.

FRÈRE SEGUIN

(Ouvrant son in-folio à plusieurs endroits marqués.)

Nous, nous ne pouvons croire, — et nous vous con-
(Feuilletant.) [damnons.
Je lis dans l'Écriture et dans les saints canons...

JEANNE

(L'interrompant.)

Dans le livre de Dieu, mon bon et saint apôtre,
Il est, il est encor plus de choses qu'au vôtre...
Ce n'est pas aux docteurs qu'il a le mieux parlé,
C'est aux petits souvent que Dieu s'est révélé !

(Vif assentiment parmi les docteurs, — frère Seguin excepté.)

FRÈRE SEGUIN

Des voix vous parlent ?

JEANNE

Oui.

FRÈRE SEGUIN

Quand ces voix prétendues
Vous parlent, fait-il jour ?

JEANNE

Qu'il fasse jour ou nuit.
Une clarté céleste incessamment les suit :
— Je les ai, nuit et jour, en tout temps entendues...

FRÈRE SEGUIN

(Accent limousin.)

Dans quelle langue, s'il vous plaît ?

JEANNE

En mon Dieu, mon bon saint apôtre,
Dans une langue qui valait
Assurément mieux que la vôtre (1).

FRÈRE SEGUIN

(En colère.)

Mettez dans vos discours, quand vous parlez à nous.
Et plus de révérence et moins d'immodestie...

LE CHANCELIER

(A frère Seguin.)

Des bornes du respect elle n'est point sortie.

FRÈRE SÉGUIN

(A Jeanne.)

Croyez-vous en Dieu ?

(1) Réponse de Jeanne. *Textuel.*

JEANNE

(Sainte indignation.)

Mieux que vous (1) !

(Frère Seguin s'agite, furieux, en fermant son in-folio.)

PASQUEREL

Le Seigneur, selon vous, veut par votre entremise,
Mener à bonne fin cette grande entreprise ?

JEANNE

Je vous l'ai déjà dit.

PASQUEREL

Oui, Jeanne, mais par là
C'est dire que vous croyez être
En sa grâce ?... Eh bien donc, répondez à cela !

JEANNE

(Simplement.)

En mon Dieu, Messeigneurs, que notre divin Maître,
Si je n'y suis, daigne m'y mettre...
C'est le plus grand bonheur que je puisse obtenir.
Si j'y suis (et lui-même ordonne qu'on espère !)
Je demande humblement à son amour de père,
De vouloir bien m'y maintenir.

(Un silence.)

(Les docteurs se regardent étonnés.)

(1) Réponse de Jeanne. *Textuel.*

LE CHANCELIER

Mais si le Maître de la terre
Veut, comme vous le prétendez,
Veut faire triompher le Dauphin, répondez :
Qu'est-il besoin pour nous d'armer les gens de guerre ?
Il n'a qu'à le vouloir — et les Anglais fuiront...
Consultez là-dessus la voix qui vous inspire,
Que dit-elle ?

JEANNE

En mon Dieu, Messire.
Les gens d'armes batailleront
Et Dieu donnera la victoire.

PASQUEREL

(Aux autres docteurs.)

L'interrogent ceux qui voudront,
Je ne puis qu'admirer, — m'incliner, — et la croire !

Il est difficile de ne pas éprouver quelque embarras à commenter un drame ainsi compris : louer d'une façon absolue, et, sans restriction aucune, c'est heurter de front toutes les notions reçues dans l'art dramatique de notre temps ; et, pourtant, il est évident que si l'on veut présenter à la scène une Jeanne d'Arc vraie, sortie de l'histoire même, il faut nous la faire voir ainsi, avec son langage naïf et fort, au milieu de ce monde si différent du nôtre, dans lequel elle se mouvait et qu'elle a dominé : il ne s'agit pas seulement pour présenter Jeanne d'Arc à la scène de montrer, à grand spectacle, un ensemble de décors, de costumes, d'armures, sur lequel passent et chantent des tirades plus ou moins sonores, — il faut ressusciter à côté de l'héroïne, toute une société religieuse, politique, militaire, et il faut que le public soit ou suffisamment lettré ou suffisamment ingénu, pour se prêter, sciemment ou d'instinct, à cette résurrection.

Il serait inutile de poursuivre plus longuement l'analyse de la *Mission de Jeanne d'Arc*. Le drame se termine à Reims, alors que Jeanne d'Arc, après avoir fait couronner le Roi, lui demande la permission de se retirer dans son village de Domrémy. Charles VII refuse :

Nous poursuivrons demain l'œuvre de la conquête.
(A Jeanne.)
Et vous commanderez.

JEANNE

Non pas, j'obéirai.
(A part.)
— Vous me l'avez prédit, mes Saintes, j'y mourrai.

Et elle y mourra ! *La Mort de Jeanne d'Arc*, complément du drame sur la *Mission* et fin de la chronique, est attendue : cette seconde pièce devait être écrite par le même poète : trois actes pressés, concis et qui, en réalité, n'en font que deux.

Dallière, avec trop de défiance, doutait que cette

nouvelle œuvre scénique pût réussir au théâtre : peut-être, au contraire, y est-elle plus admissible que son autre œuvre, parce qu'elle est plus courte, et que, dans un genre à part, où tout est étonnement pour le public, la brièveté après la soudaineté de la surprise, est une chance en faveur de l'auteur.

La *Mort de Jeanne d'Arc* se résume facilement : 1er acte, *Le château de Beaurevoir* ; 2e acte, *L'interrogatoire* ; 3e acte, *La Place du vieux Marché*.

Jeanne d'Arc a été faite prisonnière devant Compiègne : le soldat anglais qui s'est emparé d'elle l'a cédée à prix d'or au bâtard de Vendôme, qui l'a revendue à Jean de Luxembourg, châtelain de Beaurevoir ; ce dernier peut, à son tour, prétendre céder sa captive contre une grosse rançon.

Jean de Luxembourg livrera-t-il Jeanne d'Arc aux Anglais ou la renverra-t-il à Charles VII ? Bedford, régent d'Angleterre au nom d'Henri VI et Cauchon, l'évêque de Beauvais, viennent lui offrir la fortune, les honneurs, — la Toison d'Or, — l'infamie déguisée, s'il leur abandonne Jeanne d'Arc : deux femmes de cœur, sa tante Jeanne de Luxembourg et sa femme, Jeanne de Béthune, le supplient de ne pas renier l'honneur de son nom.

Luxembourg n'est pas un scélérat ; comme bien d'autres, sans doute, il serait brave sur un champ de bataille : mais, comme bien d'autres aussi, il manque de courage, quand il s'agit de faire face à l'intrigue. Et puis, les clameurs des soldats anglais ameutés dans la cour de son château n'achèvent-ils pas de le persuader que son sacrifice serait inutile?

A Rouen! A Rouen!... Au bûcher la sorcière!

JEANNE DE BÉTHUNE

— Le Juste, entre les mains de prêtres malfaisants,
Entendit de ces cris, voilà quinze cents ans!
(A Luxembourg.)
Vous vous taisez? — Devant la menace et l'outrage,
N'avez-vous qu'à courber votre front abattu?

LUXEMBOURG

Que puis-je contre tous?

JEANNE DE BÉTHUNE

Tenir tête à l'orage,
Et du gouffre profond sauver votre vertu!
Si vous n'écoutez pas votre fidèle épouse,
Fière de votre nom, de votre honneur jalouse,
Si, Pilate nouveau, secondant leurs desseins,
Vous suivez leurs sanglants et tortueux chemins,
Vous aurez votre part dans le plus grand des crimes.
Tous les flots que la mer roule dans ses abîmes
Ne pourraient pas suffire à vous laver les mains!

L'ÉVÊQUE DE BEAUVAIS

Madame, au nom du Ciel...

JEANNE DE BÉTHUNE

Le Ciel? — dans votre bouche
Ce mot peut effrayer; — il ne peut émouvoir!
Car ce n'est pas le Ciel qui vous guide et vous touche
Et vous ne visitez la tour de Beaurevoir

Qu'à dessein d'assouvir une haine farouche.
Le spectre de votre passé
Dans vos nuits sans sommeil devant vous s'est dressé.
Vous rêvez de ce diocèse
Où vous vous êtes prélassé
Et d'où les partisans de la cause Française
Vous ont, avec mépris, comme traître, chassé.
Par esprit de vengeance et de basse rancune
Vous avez des Anglais embrassé la fortune,
Et l'on compte sur vous, pour juger sans remord
L'héroïque vertu qui mérite la mort !
(A Luxembourg.)
Plutôt que de toucher à cet or qu'on vous jette,
Pour obtenir de vous la femme qu'on achète,
J'aimerais mieux vous voir, mendiant votre pain,
Implorer les passants, votre casque à la main !

BEDFORD

(A l'Évêque.)

— Pardonnons, Monseigneur, à cette violence...
(L'Évêque s'incline.)

Malgré ce noble appel, Jean de Luxembourg finit par succomber : il livre sa prisonnière ; — alors Jeanne de Béthune se sépare fièrement de cet époux indigne d'elle et se retire dans un couvent :

Je me ressouviendrai dans la pieuse enceinte
Que mon front a touché les chaînes d'une sainte.

Cet acte constitue à lui seul un petit drame, et, par là-même, il détruit toute unité d'action dans la *Mort de Jeanne d'Arc* : faute capitale, que l'auteur lui-même n'a jamais niée. Les deux derniers actes ou plutôt les deux derniers tableaux sont la mise en scène du jugement et de la mort de la Pucelle : la scène finale, — celle du bûcher de Rouen — est une chronique rimée, et rien de plus ; mais, que faut-il davantage ?

(Grand mouvement. Les cloches sonnent le glas de mort. Anxiété. Terreur générale parmi les groupes Rouennais. Les enfants se serrent contre le sein de leurs mères. On entend la voix d'Isambart dans le lointain, hors de la vue du spectateur.)

ISAMBART

(Au loin.)

Priez pour elle, mes amis !

PREMIÈRE FEMME DU PEUPLE

(Avec épouvante.)

Elle approche...

ISAMBART

(Plus près.)

Priez pour elle, mes amis !

(Jeanne s'avance, défaillante, cheveux épars, robe longue. Elle est soutenue par Isambart et Martin Ladvenu.)

ISAMBART

(A tous les assistants.)

Il n'est plus d'ici d'ennemis,
Il n'est que des chrétiens. — Chrétiens, priez pour elle !

VOIX DU PEUPLE ROUENNAIS

— Prions pour elle !

(Tous les Français se découvrent. Hommes, femmes, enfants tombent à genoux.)

JEANNE

(Sanglotant.)

Anges du Paradis, sainte Mère de Dieu,
Épargnez-moi l'horreur de cette mort cruelle !
Mes Saintes, sauvez-moi de ce gouffre de feu !
Pure de corps et d'âme, être ainsi tourmentée...
J'aimerais mieux sept fois être décapitée (1) !
O chères Saintes, ô mes Voix,
Soutenez ma faiblesse à cette heure suprême !
Je ne suis qu'une femme, et le Sauveur lui-même
Tomba sur les genoux sous le faix de sa croix !
Ma délivrance, hélas ! vous me l'aviez promise,
Et par grande victoire...

ISAMBART

Ah ! vous l'avez conquise !
C'est celle de Jésus, triomphant des douleurs...
(Voyant quelques Anglais émus eux-mêmes.)
— Vos plus fiers ennemis, Jeanne, versent des pleurs.

JEANNE

(Aux Anglais.)

Vous que j'ai combattus, oubliez votre haine,
Et je demanderai qu'à votre dernier jour,

[1] Paroles de Jeanne. *Textuel.*

Amis, la bonté souveraine
Ait pitié de vous à son tour !
(Au bourreau, qui se tient prêt à la saisir.)
Vous, pauvre homme, chargé de me faire mourir,
Vous êtes innocent des ordres qu'on vous donne ;
Allez en paix, je vous pardonne
Le tourment que vos mains vont me faire souffrir !
(Aux Rouennais attendris.)
Et vous, qui prenez part à ma vive souffrance,
Habitants de Rouen qui pleurez avec moi,
Dont le cœur, sous le joug, bat pour la France
Et votre légitime Roi,
Espérez ! il viendra le jour de délivrance.
Moi, je ne serai plus ! mais ce bienheureux jour,
Amis, je le verrai du céleste séjour.
(Plus calme.)
La volonté de Dieu maintenant s'accomplisse !
Mes Saintes, je vous vois, vous me tendez les bras...
Comme mon Rédempteur, je boirai le calice.
(Montrant l'église à Isambart.)
De l'église que j'aperçois
Ordonnez, s'il se peut, qu'on apporte la croix,

Des deux drames de Julien Dallière, sur Jeanne d'Arc, un seul, le premier, a été représenté, et il doutait que l'autre fût admissible sur la scène ; mais, il tenait à ce que la *Mission de Jeanne d'Arc* fût jouée : ce fut la plus vive ambition des vingt dernières années de sa vie : cette ambition n'a été réalisée que quelques mois après sa mort.

En 1868, la *Mission de Jeanne d'Arc* fut présentée à la Comédie-Française : le Comité de lecture était favorable à l'auteur. Geffroy, encore sociétaire, avait conseillé à son ami quelques coupures, qui eussent écarté les inévitables objections que devaient faire des hommes du métier : Dallière ne voulut pas céder, moins par amour-propre d'auteur que par une sorte de scrupule moral qui ne lui permettait pas de déguiser, en quelque sorte, l'histoire, dont son œuvre était l'expression même. Cette résistance lui coûta cher : la pièce ne fut reçue qu'à *corrections*, c'est-à-dire, suivant le sens de cette formule, indéfiniment ajournée. L'occasion difficile à saisir partout, se rattrape au théâtre moins que partout ailleurs, quand on l'a négligée à son jour et à son heure. Le poète de Jeanne d'Arc avait commis une imprudence : elle lui coûta de longs regrets et de lourds soucis : il ne pouvait se résigner à croire que la partie fût perdue sans retour.

Faire jouer la *Mission de Jeanne d'Arc* devint pour lui une sorte d'obsession littéraire et patriotique : il s'exaltait, il croyait qu'une telle œuvre devait avoir une influence morale sur les masses de notre temps, où trop de caractères sont abaissés ou découragés : enfin, il en était venu à une sorte de culte idéal et passionné pour son héroïne. Un jour, que je tâchais de le consoler sur les lenteurs qui entravaient la représentation de sa pièce, il me répondit : « Croyez-vous donc que je désire, pour moi, la représentation de ce drame ? — non, c'est pour elle : c'est pour Jeanne d'Arc ! » Et il était profondément sincère quand il parlait ainsi.

D'autres esprits éminents ont partagé le même amour poussé jusqu'à la même exaltation.

En attendant qu'un théâtre se décidât à jouer son drame, le poète en fit quelques lectures dans les salons ou dans les cercles littéraires, à Paris et à Angers.

L'une de ces lectures donna lieu à un petit incident qui mérite d'être rappelé à la louange de tous ceux qui y prirent part. C'était au mois de décembre 1868, à la *Société d'Agriculture, Sciences et Arts* d'Angers, — une de ces Sociétés comme il y en a en province, où l'on a, sans bruit, des fêtes discrètes, qui ont leur caractère à elles, avec des nuances multiples et délicates d'érudition et d'esprit, de bon goût et de haute courtoisie.

M. de Falloux assistait à cette réunion : Mme de Falloux et sa mère Mme de Caradeuc s'étaient rendues ainsi qu'un grand nombre de dames aux invitations qui leur avaient été adressées, pour entendre la lecture de *Jeanne d'Arc*. « La salle était déjà remplie, lorsque Dallière entra donnant le bras à sa vieille mère, vêtue selon sa modeste condition. Un mouvement unanime de sympathie se manifesta quand on vit Mme la marquise de Caradeuc et Mme de Falloux se lever à l'approche de la bonne vieille et l'obliger de la manière la plus gracieuse à s'asseoir près d'elles. On admirait cet échange de courtoisie entre les deux grandes dames et la digne femme du peuple, rapprochées par la parenté idéale des deux héros de la fête. Tous les cœurs étaient émus par cette scène touchante : privilège de la société française où les femmes savent si bien pratiquer la véritable égalité, celle des vertus, avec une distinction simple et une grâce toute naturelle (1). »

Les succès de salon ne pouvaient consoler Julien Dallière de la longue attente qui retenait sa *Jeanne d'Arc* loin de la scène : il sentait la vieillesse venir, et il prévoyait que sa pièce serait jouée seulement quand il ne serait plus là. Mais, cette représentation si tardive qu'elle dût être, et ne dût-elle même venir qu'après sa mort, il la voulait : trois de ses fidèles amis, MM. Geffroy, Armand Durantin et Adolphe Dupuis, l'artiste d'élite du Gymnase et du Théâtre-Français de Saint-Pétersbourg, qui a créé avec tant d'élégance et en même temps avec tant de force, un si grand nombre de rôles du répertoire contemporain, avaient reçu des instructions précises pour prendre la place du poète dans le cas où il viendrait à disparaître avant que son œuvre ne fût parvenue à la rampe.

Ils remplirent leur mission : grâce à eux la *Jeanne d'Arc* de Julien Dallière était jouée enfin le 1er juin 1888, sur le théâtre de l'Ambigu, où son drame de *Napoléon et Joséphine* avait été applaudi trente-sept ans auparavant.

(1) *Le comte de Falloux à la Société d'Agriculture, Sciences et Arts d'Angers*, par L. Cosnier.

Tous les critiques sérieux, sans distinction de nuances politiques, s'accordèrent pour rendre un juste hommage à Julien Dallière.

Ils firent leurs réserves sur la difficulté, pour ne pas dire sur l'impossibilité de faire pleinement admettre au théâtre un genre de pièce si complètement en dehors des errements habituels du drame moderne : mais, sur le fond même du sujet, ils s'accordèrent pour constater que l'auteur de la *Mission de Jeanne d'Arc* s'était élevé à une hauteur de talent incontestable et que la foule même l'avait suivi avec émotion et sympathie dans les sphères morales où il voulait l'entraîner.

Voici comment M. Francisque Sarcey s'exprimait dans le *Temps :*

« Je crois bien que la légende de Jeanne d'Arc est de celles que l'on ne pourra jamais mettre à la scène, à moins de la découper naïvement, à la façon des vieux *mystères*, en tableaux, où se dérouleront les principaux faits de cette histoire merveilleuse. C'est le parti que semble avoir adopté M. Dallière. Il a montré tour à tour Jeanne écoutant les voix, triomphant de la résistance de son père, convainquant le roi de la divinité de sa mission, se battant et blessée sous Orléans, et enfin déployant dans la cathédrale de Reims son étendard, qui devait être à l'honneur puisqu'il avait été à la peine.

« Chacun de ces tableaux forme un spectacle intéressant. L'auteur a pris à tâche d'y faire entrer le nombre de mots que la tradition attribue à Jeanne. Il a essayé de rendre les divers sentiments qui agitèrent les acteurs de cette légende, et de peindre, en pleine lumière, le caractère de cette singulière fille, qui fut à la fois une femme de bon sens et une mystique exaltée. Le style, encore qu'un peu traînant, abonde en beaux vers, et peut-être même pourrait-on trouver que Jeanne parle trop et trop bien. Mais c'est si difficile de faire parler Jeanne d'Arc! il n'y a qu'un grand lyrique qui s'en pourrait tirer, ou une âme simple, croyante et tendre. L'un n'est pas moins rare que l'autre.

« On a écouté d'un bout à l'autre, avec une respectueuse sympathie, ce mystère qu'échauffait un sincère patriotisme. Le nom de l'auteur a été salué par de longs applaudissements, dont une part doit revenir aux artistes de l'Ambigu. »

Il serait facile d'emprunter à la presse parisienne beaucoup d'autres citations favorables à la *Jeanne d'Arc* de Julien Dallière : une seule suffira.

« On ne saurait, écrivit avec une très judicieuse autorité M. Auguste Vitu dans le *Figaro*, on ne saurait voir ni une tragédie, ni un drame dans cette composition d'une très haute valeur morale, mais qui ne comporte nulle action ni ombre d'action autre que la vie de Jeanne d'Arc elle-même, depuis son départ de Domrémy jusqu'au sacre de Charles VII dans la cathédrale de Reims, terme fixé par ses voix célestes pour l'accomplissement de sa mission.

« S'il y fallait, à toute force, une qualification, je la rangerais parmi les *mystères* qui, pendant trois siècles, furent la seule source de notre littérature dramatique cherchant sa voie.

« C'est bien un mystère par le fond comme par la forme que ce récit fidèle de la mission de Jeanne d'Arc, rigoureusement suivi dans l'ordre et le détail des faits, et qui exige chez l'auditeur la simplicité du cœur et l'attention pieuse qui doivent présider à un acte de foi.

« Le public de l'Ambigu, je le constate à sa louange, s'est laissé prendre à la fascination de cette histoire vraie, qui revêt les apparences d'une merveilleuse légende, et qui est en même temps la page la plus authentique des annales françaises. Elle se déroule sous la plume de Julien Dallière, avec une exactitude naïve et une diction qui s'imposent peu à peu et atteignent, à certains moments, l'effet des plus puissantes combinaisons.

« La victoire de Jeanne d'Arc sous Orléans, rehaussée des involontaires allusions qui s'y rattachent, a excité un enthousiasme unanime.

« Le nom de Julien Dallière est sorti, à son grand honneur, de l'épreuve posthume qu'il avait lui-même souhaitée. »

La *Jeanne d'Arc* de Julien Dallière a donc eu, dans une large mesure, le succès qu'une pièce de ce genre pouvait avoir sur le théâtre : elle l'a obtenu par sa valeur propre, et aussi, comme M. Francisque Sarcey l'a remarqué, par le jeu des artistes. Oublier le nom de la jeune actrice qui créa le personnage si délicat et si complexe de Jeanne d'Arc, serait une injustice et une ingratitude : elle s'appelle Mlle Alice Guyon. Nouvelle venue au théâtre, elle s'est fait remarquer dans cette belle création par un mélange de grâce et d'énergie, de sentiment profond et d'explosion ardente, qui dénotent une tragédienne prédestinée. On dit que notre temps n'est plus fait pour la tragédie, ou que la tragédie n'est plus faite pour lui : disons tout simplement qu'il y a des choses faites pour tous les temps : ce sont les belles œuvres en poésie et leur interprétation, à la scène, par les artistes éminents.

CHAPITRE VI

Retour de Julien Dallière à Angers — La maison de la route de Paris. — *Contes* familiers. — *Poésies* sur les enfants. — Vieillesse du poète. — Le *Prix Vitet*. — Mort de Julien Dallière. — Son testament. — Hommage de la ville d'Angers à Julien Dallière.

Les événements de 1870 et de 1871 devaient causer une impression bien cruelle à Julien Dallière : je l'ai entendu déplorer alors que son âge ne lui permît plus d'être au nombre de ceux qui combattaient contre l'Allemagne.

Quand la première tourmente fut passée, il fut pris d'une tristesse profonde : ce n'étaient plus seulement les malheurs de la patrie qui l'attristaient, mais il lui semblait que sa vie personnelle était brisée. Au lendemain de la guerre et de la Commune, Paris lui fit l'effet d'un monde nouveau et terrible, dans lequel il ne se retrouvait plus : un grand nombre de ses amis étaient dispersés; les salons qu'il avait fréquentés étaient fermés pour la plupart : les luttes politiques l'agaçaient plutôt plus qu'elles ne l'effrayaient, mais il éprouvait le désir irrésistible de les fuir. Un jour, subitement, ses amis apprirent qu'il venait de donner sa démission de bibliothécaire de la Sorbonne pour aller se retirer, comme un ermite de lettres, dans une petite maison qu'il possédait à Angers.

Cette décision fut blâmée par tous ceux qui lui étaient attachés, même par ses amis angevins qui, pourtant, étaient profondément heureux de le voir rentrer dans leur intimité habituelle. Tous ceux qui avaient sincèrement souci de ses succès comprirent qu'il allait mettre une barrière entre le monde littéraire et lui : il se vouait volontairement à l'oubli.

Ce projet de retraite absolue n'était pas nouveau dans son esprit : bien des fois, il en avait parlé comme d'un idéal de bonheur qu'il souhaitait et peut-être ne réaliserait jamais.

On le plaisantait : « Mais que deviendrez-vous quand vous n'aurez plus Paris ?... Et tel salon ?... Et vos causeries du soir, au Foyer de la Comédie-Française ?...

— « Laissez donc ;... tout cela ne vaut pas le bonheur de rêver dans un petit jardin entre son chien et une demi-douzaine de poules. »

Et c'est ainsi qu'il a vécu pendant dix-sept ans, en sage, n'entendant guère des bruits du monde que ce qui passait par-dessus les murs de son petit enclos, et, au monde, n'envoyant pas même le murmure de quelques vers lus aux amis intimes.

La maison de Dallière, située sur la route de Paris, à la porte d'Angers, entre la ville et la campagne, plaisait par une coquetterie demi-bourgeoise, demi-rustique : l'été, toute la vie du poète se confinait dans son jardin, étroit comme celui du *vieillard de Galèse*, et riant comme le coin de terre dont se réjouissait Horace : les moindres espaces avaient été utilisés ; les volières, les pigeonniers, le bassin agrémenté d'un petit jet d'eau venue de la Loire, — orgueil du maître de céans ! — sous un massif touffu : c'était un petit ensemble aimable, frais, attirant, où les chansons venues des arbres répondaient aux chansons des rimes ; et l'on entendait souvent des rimes voler au vent dans le jardin de Julien Dallière, comme dans celui de Boileau, à Auteuil.

L'enclos était exigu ; mais il n'était pas rare qu'il fût plein de bons amis, qui, en même temps, étaient des gens d'esprit et de fins lettrés. J'en nommerai quelques-uns : le docteur Grille, lauréat de l'Académie française, pour sa traduction d'*Horace* en vers français ; Léon Cosnier, un apôtre de la charité, auteur de beaux livres écrits avec autant de simplicité qu'il y en a dans les multiples dévouements de bienfaisance auxquels leur auteur a voué sa vie ; souvent venait le marquis Fernand de Perrochel, qui fut député de la Sarthe, — écolier de Dallière, au lycée d'Angers, son élève aussi en littérature, — jeune homme aimable, frappé par la mort presque au début d'une existence qui s'égarait, je crois, dans la politique, mais qui eût certainement fait retour dans sa véritable voie, celle de la littérature et de la poésie ; — enfin, cet esprit d'élite, un vaillant par la force de la volonté et du travail, — Ernest Faligan, docteur en médecine et docteur ès-lettres, le critique littéraire qui tient une haute place dans la presse parisienne, l'auteur de ce livre de si grande érudition, la *Légende de Faust*, et romancier d'une touche personnelle, particulièrement dans la peinture des tableaux où de larges scènes historiques, comme dans son roman de *Suzanne de Pierrepont*, se mêlent à la peinture des passions et des caractères intimes.

Le poète se plaisait dans cette paix et dans cette solitude, — solitude complète, en dehors des relations d'amitié, car il était demeuré célibataire. Quel motif l'éloigna constamment du mariage? à vrai dire, je crois que ce fut le goût très prononcé du célibat lui-même : il avait certainement prêté l'oreille aux conseils de Colnet :

Fuyez ! O mes amis ! fuyez le mariage:
Cet état affligeant est peu fait pour le sage !

Il avait, pourtant, un idéal en fait de femme, et il

se plaignait quelquefois de ne l'avoir pas rencontré : peut-être ne se donna-t-il guère la peine de le chercher..

La femme qu'il aurait aimée eût été de bien près apparentée à la simple et charmante *Henriette* de Molière : elle aurait eu aussi quelque ressemblance avec la femme que choisit Racine et dont parle si bien Ducis dans une de ses aimables épîtres :

L'immortel auteur d'Athalie,
Et de Phèdre et d'Iphigénie,
Ce peintre enchanteur de l'amour, —
Qui, plein d'esprit, de goût, de grâce,
Couvert des lauriers du Parnasse,
Charma la plus brillante cour :
En sa maturité sévère,
Dans sa femme que chercha-t-il ?
Une très simple ménagère
Qui fit avec lui sa prière
Et répondit : Ainsi soit-il.

S'il fallait absolument chercher le motif vrai qui éloigna Dallière du mariage, malgré des offres flatteuses et brillantes qui lui furent faites plus d'une fois, on trouverait ce motif, bien grave et bien respectable, dans la crainte qu'il avait de mettre sa vieille mère, dont il ne voulait pas se séparer, en contact forcé avec une jeune femme, dont les goûts et les habitudes n'eussent probablement pas concordé avec la simplicité de cette humble vieille femme de la campagne. Ce secret, il ne l'a jamais dit à personne, mais on pouvait le deviner.

En vieillissant, il se prit à aimer les enfants avec une sorte de regret intime qu'il ne prenait pas la peine de dissimuler : il se plaisait à jouer, à causer avec eux, à recueillir leurs petits mots naïfs qu'il transformait ensuite en bijoux de poésie.

L'embarras est grand pour choisir dans ces petites pièces dont les enfants sont les héros et les premiers poètes eux-mêmes, — compris et traduits par un autre poète.

Il faut donc citer à peu près au hasard : prenons l'*Enfant et la Lune*, et l'*Enfant et les Boucles d'oreilles*.

L'ENFANT ET LA LUNE

Dans le parc de Luchon, l'an dernier, un beau soir,
L'œil fixé sur Vénasque et le ciel de l'Espagne,
Près du lac aux flots bleus j'étais venu m'asseoir,
Humant à pleins poumons l'air pur de la montagne,
Sous le saule pleureur qui baigne au bord de l'eau
 Sa verdoyante chevelure.
Une petite fille, angélique figure,
Près de sa jeune mère, adorable tableau !
Gravement attentive, écoutait le murmure
 Du frais et gazouillant ruisseau

Qui descend dans le val. C'était après l'orage ;
La lune était voilée, et le souffle des vents
Chassait, delà les monts, les nuages mouvants.
Singulier effet de mirage,
Phébé, par intervalle, avec rapidité
Semblait franchir les champs du ciel illimité.
L'enfant la suit des yeux dans sa course apparente,
Tour à tour obscurcie et radieuse, errante,
De sa vague lueur blanchissant l'Orient.
Sa mère, plus enfant qu'elle-même, en riant
Lui demanda (question insensée,
Comme il en passe en rêve à travers la pensée,
Sans qu'on puisse savoir ni comment, ni pourquoi) :
« Où va-t-elle, la lune ? où va-t-elle si vite ?
Le sais-tu, Jeanne ?
— Oui, maman.
— Dis-le-moi. »
— Et, regardant le ciel, dans sa naïve foi :
« Chez le bon Dieu, » fit la petite.

L'ENFANT ET LES BOUCLES D'OREILLES

A Mlle Jeanne B.

De sa jeune maman, pour elle un peu coquette,
Jeanne allait recevoir un splendide cadeau,
De superbes pendants d'oreilles pour sa fête,
Deux perles de la plus belle eau.
Mais il faut les placer, et la petite fille
Refuse le présent, car elle voit briller
Un outil qui l'effraie aux mains du joaillier,
Et recule devant la pointe de l'aiguille.

— Laisse-toi faire, allons, tu seras si gentille !
La mère alors de prier, d'ordonner,
Et l'enfant de se mutiner
Comme un petit ange rebelle.
La maman (selon nous assez hors de saison)
S'avise d'ajouter pour dernière raison :
— Il le faut. Le bon Dieu le veut, Mademoiselle !
— Le bon Dieu, pourquoi donc? — Mais... pour que tu
Comme un ange du paradis! [sois belle
Pour qu'on t'admire et que l'on t'aime !
— Si c'était le bon Dieu, mère, comme tu dis,
Il aurait fait les trous lui-même !

Un soir, dans un château où le poète était venu en villégiature, il fut prié d'écrire quelques vers sur un album qu'il emporta et qu'il rendit le lendemain matin, après y avoir écrit cette petite pièce, digne d'une anthologie, où l'amour maternel tiendrait la première place :

A Mme la comtesse d'A...

A l'antique foyer, vieux trouvère, hier soir,
Près d'heureux châtelains je suis venu m'asseoir.
Vous avez écouté, souriante, attentive,
De mes « petits enfants » la parole naïve...
— Vous aurez mieux bientôt, madame ; le bon Dieu
De l'amour maternel exauce enfin le vœu...
Qu'il soit, le chérubin, votre vivante image.
Qu'il reçoive du Ciel votre esprit en partage,
Et quand il saura lire en vos regards si doux,
Qu'il pourra bégayer les mots du premier âge,

L'enfant de votre amour jouant sur vos genoux,
Vous en dira bien davantage.

L'aimable poète excellait dans ces petites pièces échappées du cœur sous une émotion subite : il disait lui-même qu'il était incapable d'écrire une ligne de prose ; et, vraiment, il semblait qu'il en fût ainsi, car jamais il n'écrivit ou ne parla qu'en vers, dans toutes les circonstances où il lui fallut subitement exprimer un sentiment profond.

Il apprend tout à coup la mort de Mme W***, (Mlle Vallon), fille de son ami, M. Vallon, préfet du Nord, jeune femme d'une exquise beauté et douée des plus hautes qualités morales ; il voudrait écrire une longue lettre de consolation : il ne peut trouver que quelques lignes, et ces lignes sont des vers :

C'est vous qui m'apprenez, tendre et désolé père,
Que de votre bonheur le Ciel était jaloux...
Que votre ange n'est plus... que son regard si doux
N'est plus qu'un souvenir pour l'amour d'une mère
Et la tendresse d'un époux...
Quand son dernier adieu fait ployer vos genoux,
Je ne puis, nobles cœurs, que prier et me taire
Et pleurer avec vous !

Lorsque Dallière était sous l'influence d'une émotion vive, sa pensée ne se manifestait jamais que par la forme poétique : alors, il n'avait même pas besoin d'écrire ; les vers sortaient de ses lèvres comme les paroles du simple langage. On me pardonnera de citer un souvenir trop personnel, trop intime, peut-être ; mais, le passer sous silence serait de ma part une ingratitude.

J'avais prié Dallière de dire quelques mots sur la tombe de mon père, son ancien professeur, l'ami de toute sa vie, et qui, lui aussi, était poète à ses heures : Dallière s'excusa : sa santé lui permettait à peine de suivre le convoi : il vint pourtant, et, sans avoir écrit une ligne, il improvisa, dans une pièce éloquente, son adieu d'affection...

. . . . au philosophe, au sage,
Du Parnasse Français, du Parnasse Latin,
Hôte aimable et discret. . . . . .

Sa dernière chanson fut un touchant adieu
Aux fidèles amis qu'il regrette et qu'il aime ;
Il laisse inachevée une strophe suprême
Pour un hymne sans fin qu'il chante au sein de Dieu !
Il t'a reçu, cher maître, et tu le vois sans voiles ;
Invoque-le pour nous, ce père des étoiles.
Heureux et rayonnant, demande-lui pour moi
De vivre, de penser, de mourir comme toi (1) !

A mesure que les années arrivaient, Julien Dallière restreignait de plus en plus son cercle d'inspiration : il fallait que les émotions vinssent à lui, il n'allait jamais au-devant d'elles : c'était, à sa manière, un *impassible ;* mais toute impression

(1) Cette pièce fait partie des *Œuvres complètes* de Julien Dallière : elle est intitulée : *A la tombe de Jean Sorin.*

subite, vivement reçue, devenait matière à une pièce de vers lue entre amis, sans souci du grand public.

Ce fut alors qu'apparut, chez le poète, la note gaie : la vieillesse le rassérénait au lieu de l'assombrir.

Ainsi qu'il se plaisait à recueillir de jolis *mots d'enfants*, il aimait à saisir au passage ou à retrouver dans sa mémoire des anecdotes joyeuses, — jamais risquées, — qu'il rimait avec un tour reçu de La Fontaine, mais devenu, chez lui, une sorte de langage propre, ayant son accent personnel : ses *contes* ont un caractère tout local, — un *goût de terroir*.

On retrouve les souvenirs du petit paysan qui courait les bois de Briançon-Bauné : — cela semble narré sous un vieux manteau de cheminée dans quelque ferme perdue aux confins de l'Anjou et du Maine.

C'est un véritable *Fabliau* du moyen âge, redit par un narrateur rustique, que ce récit intitulé *le Coq plumé* ou *le Nouveau Bûcheron et la Mort*. Dallière avait entendu conter cette histoire par son père, le sabotier de Briançon, dans les heures de veillées :

Après trente ans et plus de bonheur... en ménage,
Près d'être séparés par un effet de l'âge
Ou la rigueur du sort, geignaient conjointement
Deux époux, — bon vieux couple — âmes simples, naïves,

Comme il s'en trouve encor sur les Bretonnes rives.
La bonne femme hélas ! allait dans un moment
Quitter à jamais sa bruyère
Pour ce vaste pays d'où l'on ne revient guère.
Elle avait fort dévotement,
Sous le saint goupillon du Recteur vénérable
Reçu son dernier sacrement
Avec les mots d'usage et l'accompagnement
Du sanglot légitime et du gémissement
De son époux inconsolable.
Le prêtre étant parti, le bonhomme à genoux
Larmoyait chaudement. C'était à fendre l'âme !
Hélas ! s'écriait-il, hélas ! ma pauvre femme,
Ce que c'est pourtant que de nous !...
Ce sort est bien cruel : ah ! s'il était possible
Que la mort entendit mes vœux et mes regrets,
C'est toi qui serais là... c'est moi qui partirais,
Le coup me serait moins sensible !
— Ce n'est pas consolant de partir, en effet,
Pour s'en aller dans l'autre monde,
Marmottait à part soi la pauvre moribonde :
Mais, notre homme, la mort! Sais-tu comment c'est fait?
— Non, dit l'autre ; pourtant j'ai quelque souvenance
Que ma mère m'a dit ceci dans mon enfance :
« La mort qu'il faut subir, ainsi que chacun sait,
Lorsqu'elle doit nous apparaître,
Nous arrive, que tout soit ouvert ou fermé,
Par la porte ou par la fenêtre,
Sous la forme d'un coq plumé. »
C'était là, j'en conviens, un étrange langage,
D'un naïf qui n'est plus, à coup sûr, de notre âge.
Ce singulier colloque, un voisin le surprit ;
Plus madré, moins crédule, ou moins pauvre d'esprit :
« De cet époux inconsolable
« Pour sa chère moitié si dispos à mourir,

« Éprouvons, se dit-il, le chagrin... contestable. »
Et dans son poulailler vite il s'en va quérir
Un vieux coq déplumé, ne battant que d'une aile,
Prêt lui-même à descendre en la nuit éternelle...
Il le lance, riant du beau coup qu'il a fait,
Par je ne sais quelle ouverture,
Au beau milieu de la masure,
Puis écoute, attentif à juger de l'effet
De cette burlesque aventure.
(C'était, ne vous déplaise, en plein pays breton,
Avec autant de soin et non moins de comique,
Le bon tour que jouait à *l'homme de Platon*,
Certain philosophe cynique.)
Le voilà donc ce coq plumé !
C'est-à-dire la mort venant à point nommé...
Moins terrible est la bombe au moment qu'elle éclate.
— L'animal au chef écarlate
Saute dans le logis, roule un œil flamboyant,
Bat ses flancs, relève sa crête,
Tourne autour du bonhomme et devant lui s'arrête,
Dressé sur ses ergots comme un spectre effrayant !
— Si l'effet en fut foudroyant,
Je n'ai pas besoin, je suppose,
De le dire : dans sa stupeur
Le nouveau bûcheron faillit mourir de peur...
(La mort en a frappé, certes, pour moindre cause !)
— A l'apparition il chancela, pâlit...
Puis... désignant du doigt à la bête effarée
Le coin où languissait sa conjointe adorée :
« Vas à ce lit, dit-il, à ce lit... à ce lit ! »

Etre disciple de La Fontaine sans aimer les bêtes, ce serait être un disciple bien incomplet : Dallière chérissait les animaux ; il les choyait, il étudiait leurs mœurs, non pour y chercher des sujets de fables, mais pour y trouver, dans la réalité même, quelques bonnes leçons de morale, de dévouement et de charité qu'on ne rencontre pas toujours parmi les hommes : il les aimait, surtout pour le plaisir de les aimer, — et ils l'inspiraient.

Ne croit-on pas retrouver l'écho d'un poète de la Grèce antique dans ce fragment d'une pièce de vers adressée, tout bonnement, à un couple de pigeons que le poète avait rapportés de la campagne dans un panier...

Après trois heures de voyage,
Le roucoulant trésor entre dans ma maison
Dont le haut pigeonnier regarde l'horizon.
De l'étroite corbeille enfin je le délivre.
« Ici pour quelque temps, je vous condamne à vivre,
Charmants pigeons ; sortez de ce triste panier,
Et prenez vos ébats du moins dans mon grenier !
Je ne vois point moi-même avec indifférence
Votre captivité. J'adoucirai vos maux...
Et d'abord sur mon seuil on ne lit point ces mots :
« Vous, qui le franchissez, laissez toute espérance. »
Libres... de vous aimer, vous vous consolerez ;
Quoique captifs, vous coulerez
Des heures que j'envie, et dont je sens les charmes,
L'amour jusqu'en prison peut sécher bien des larmes ;
Bonsoir, oiseaux chéris, je reviendrai demain
Apporter dans votre cachette
Eau pure, grains de blé, bonnes miettes de pain,
Et, pour toucher vos cœurs, mainte et mainte bûchette.

Quand vous aurez couvé... (rêve charmant et doux !)
Et que vous aurez fait éclore,
Vers le terme marqué par la vingtième aurore,
Deux beaux enfants pareils à vous,
Quand je vous les verrai réchauffer sous votre aile,
Et paternelle et maternelle,
Que sur leur avenir je serai rassuré,
Alors tranquillement j'ouvrirai la fenêtre,
Vous guiderez leur vol dans mon enclos champêtre,

A l'occasion, Julien Dallière savait peindre d'autres animaux que les pigeons, et, un jour qu'un ami venait de lui donner une réduction du Lion de Barye, — le célèbre *Lion au repos*, — il improvisa ces vers dont le bronze est d'assez bon aloi :

Près de l'antre qu'il garde en fière sentinelle,
Qu'attend-il ce lion, *superbe et généreux ?*
L'éclair semble jaillir de sa fauve prunelle,
Le soleil du désert l'inonde de ses feux.
Il ne redresse pas sa royale crinière,
Sa queue est repliée à l'entour de ses flancs.
Il écoute, attentif, — ses yeux étincelants
Percent l'ombre des bois qui cachent sa tanière.
C'est là qu'au rendez-vous on le viendra chercher.
C'est là que sa lionne ardente,
Haletante, enfiévrée, et la langue pendante,
De son fougueux amant brûle de s'approcher ;
Elle vient... il se dresse, il s'émeut, il tressaille,
L'hyène, le chacal se taisent, frémissant
Au bruit lointain des pas qui brisent la broussaille.
Tout leur poil se hérisse, — et l'époux rugissant,

Répond à sa jalouse et grondante compagne,
En ébranlant les bois, la plaine et la montagne.

Malgré la poésie, la vieillesse venait; mais elle ne jetait aucune ombre affligeante sur le poète : il semblait qu'il eût toujours présents à la mémoire, en s'avançant vers la quatre-vingtième année, le vers de son maître La Fontaine :

. . . . Je voudrais qu'à cet âge
On sortît de la vie ainsi que d'un banquet
Remerciant les dieux . . . .

Et c'est ainsi qu'il s'en allait, non pas du *banquet*, mais de la table ouverte ici-bas par l'*hôte* éternel et mystérieux à quiconque cherche à prendre sa part des belles œuvres et des œuvres bonnes : il donnait les *reliefs* du festin aux uns et aux autres, — aux amis les dernières confidences littéraires, aux pauvres tout ce qu'il pouvait prendre sur les ressources de sa fortune et sur ses petites dépenses de luxe.

On le voyait souvent, marchant d'un pas alourdi par l'âge, s'en aller, rêvant encore, dans la campagne, jusqu'au Mélinais, l'hospice que les Petites-Sœurs des Pauvres ont fondé près d'Angers : il leur portait ses aumônes personnelles, auxquelles il joignait le produit d'une tire-lire, où, chaque jour, était déposé par chacun des joueurs l'argent des parties de dominos qu'il faisait avec son vieil ami et confrère en poésie, le docteur R. Grille.

Chaque année, quand revenaient les beaux jours, Dallière quittait, pendant deux mois, son ermitage angevin : il allait faire une station aux eaux de Luchon : il flânait un peu dans la chaîne des Pyrénées, puis revenait par Paris, pour voir ses anciens amis, surtout Geffroy, Adolphe Dupuis et Armand Durantin.

En 1876, il retarda un peu la date de son voyage à Paris : il voulait être, le 16 novembre, à la séance de l'Académie française, où un autre de ses amis, l'un des plus fidèles et l'un de ceux dont l'attachement l'honorait le plus, M. Camille Doucet, devait lire le rapport sur le concours annuel où une part du *Prix Vitet* lui était attribuée pour l'ensemble de ses œuvres.

Dallière passa d'abord quelques jours chez M. Geffroy, à Nemours, dans une aimable hospitalité de villégiature : puis, il revint à Paris, pour la séance de l'Académie : je le vis alors pour la première fois. Il me sembla remarquer en lui une certaine fatigue, domptée par une surexcitation nerveuse qui ne lui était pas habituelle : il était heureux du nouveau *prix* qu'il venait de remporter à l'Académie française ; la colonie angevine de Paris, dans son banquet mensuel du *Vin d'Anjou*, l'avait fêté et acclamé : mais un gros souci se mêlait à cette joie : il n'avait pu réussir cette fois encore à faire admettre *Jeanne d'Arc* sur un des grands théâtres : on l'avait ajourné, on avait fait espérer de vagues éventualités : le poète rentra à Angers, à la fois joyeux de son succès académique et irrité des obstacles qui, sans cesse, s'opposaient à la représentation de l'œuvre, dans laquelle il voyait le couronnement de sa carrière dramatique.

Notre dernière entrevue fut particulièrement affectueuse : j'avais une sorte de pressentiment inquiet, qu'explique très naturellement l'état de fatigue physique où je le voyais : il eut la bonté de me parler surtout de mes travaux personnels, et il me dit adieu sur cette parole :

« Croyez-moi : à présent laissez un peu le journalisme et la prose ; faites des vers... croyez-moi..., faites des vers. »

J'embrassai mon vieux maître : deux mois après. j'apprenais sa mort presque subite. Ses derniers jours eurent une de ces satisfactions intimes qui lui étaient particulièrement chères, parce qu'il s'y mêlait un peu de gloire littéraire et une large part de sentiments affectueux : il reçut une lettre signée sur l'initiative du maire, M. Ferdinand de Charette, par tout le conseil municipal de Bauné, qui était pour lui ce que le *petit Liré* était pour l'autre poète Joachim Du Bellay : cette lettre lui annonçait qu'une plaque commémorative allait être placée sur le vieux logis où il était né.

Cet hommage fut sa dernière joie ; mais en pourrait-il être une autre plus exquise et plus délicate? On a traversé le monde, parcouru les fortunes diverses de la vie, et, au terme, sur la porte de l'humble maison qu'on a quittée enfant, on trouve la fleur apportée par les braves gens du pays natal, fils et petits-fils de ceux parmi lesquels on a grandi : c'est de la gloire, bien modeste, certes ! mais c'est de la vraie gloire, pourtant, et de la meilleure...

Tout à coup, au commencement de l'année 1887, Julien Dallière se sentit pris d'un affaiblissement soudain : il s'alita et mourut le 15 janvier sans souffrances apparentes. Les amis qui le soignaient et qui le virent disparaître d'au milieu d'eux d'une façon si rapide et si douce, se souvinrent certainement du vers de La Fontaine :

Rien ne trouble sa fin : c'est le soir d'un beau jour.

MM. Geffroy et Adolphe Dupuis accoururent de Paris pour mener son deuil : M. Camille Doucet écrivit : « Si je ne consultais que mon cœur, j'irais me joindre au funèbre cortège : faut-il que la maladie me retienne ! Je suis heureux du moins que l'Académie française ait pu l'honorer au moins une dernière fois ! »

Le convoi fut modeste ; le poète en avait d'avance réglé lui-même la simplicité : souvent, il avait déclaré qu'il ne voulait pas de discours sur sa tombe : il n'y eut pas de discours au sens pompeux de ce mot ; mais M. Léon Cosnier trouva les paroles qui convenaient pour dire adieu à cet homme de grand talent et de cœur simple.

Après avoir retracé en mots rapides la carrière littéraire de son ami, il finit ainsi :

« Le souffle des passions n'altéra jamais la pureté de son âme. La Muse qui l'inspirait ne cessa pas d'être la Muse pudique des généreux sentiments. Dieu l'avait gratifié à sa naissance de dons bien rares : non seulement il n'en abusa pas, mais il ne s'en servit que pour glorifier tout ce qui a droit à notre admiration et à notre amour.

« Si profonds que soient nos regrets, ils ne sont point amers, car nous avons la ferme confiance qu'en paraissant devant le Souverain Juge, présenté par saint Augustin et Jeanne d'Arc, il aura entendu les paroles consacrées, bien plus précieuses que toutes les couronnes de la terre : « Bon et fidèle serviteur, je vous avais beaucoup donné, vous me rendez bien davantage. Entrez dans la paix du Seigneur. »

Dans son testament, Julien Dallière a résumé lui-même les inspirations qui ont guidé toute sa vie : amour des lettres et bienfaisance. Il a laissé des legs destinés à fonder, à Angers, un *prix de Poésie*, analogue aux prix que décerne l'Académie des Jeux Floraux de Toulouse, et un *prix*, analogue aux *prix Monthyon*, que décerne l'Académie Française aux actes de vertu. Ces prix seront décernés par les soins de la *Société d'Agriculture. Sciences et Arts d'Angers.*

Une autre disposition a pour but « de faciliter l'entrée d'un ou de plusieurs vieillards à l'asile des Petites-Sœurs des Pauvres que je vénère », dit le testateur (1).

Retracer la vie d'un poète, apprécier ses œuvres, en présenter des extraits, qui, sans doute, sont le meilleur éloge qu'on en puisse faire, ce n'est pas affirmer le rang exact que ce poète tient dans la littérature et qu'il doit y garder. Une grande réserve s'impose sur cette question délicate au biographe et au critique, surtout quand il est un ami : j'hésiterais peut-être à terminer ce livre, en exprimant une opinion personnelle, si je n'avais pour la

(1) Quelques intimes de Julien Dallière ont été chargés d'accomplir ses dernières volontés : citer leurs noms ici, c'est exprimer la gratitude qu'ils gardent pour celui qui, après la mort, les a unis dans son souvenir comme il les avait unis dans son amitié. Les exécuteurs testamentaires de Julien Dallière ont été : MM. Jules Bessonneau, juge au tribunal de commerce d'Angers, consul de Belgique; Léon Cosnier; Adolphe Dupuis, artiste du Gymnase et du Théâtre Français de Saint-Pétersbourg; Geffroy, de la Comédie Française; Geffroy fils, président du tribunal civil de Tunis; Ernest Faligan homme de lettres, docteur en médecine, docteur ès-lettres; le docteur R. Grille, lauréat de l'Académie française; Charles Livet, homme de lettres, lauréat de l'Académie française; Elie Sorin, bibliothécaire en chef de la ville d'Angers.

soutenir, l'opinion de bons juges auxquels je cède volontiers la parole.

Au lendemain de la mort de Julien Dallière, M. Ernest Faligan, écrivait dans une étude sur l'ensemble de ses œuvres (1) :

« Le mérite le plus éminent de M. Dallière, sa qualité maîtresse, comme on dit aujourd'hui, fût d'être un poète. Lorsqu'un sujet se présentait à son imagination, il y revêtait spontanément, pour ainsi dire, la forme du vers. Aussi ses drames sont-ils, avant tout, des œuvres poétiques et ils le sont non pas seulement parce qu'il les a écrits en vers pleins de flamme et d'éloquence, mais parce qu'on y rencontre tous les sentiments nobles et délicats dont l'âme des vrais poètes est animée. C'est le plus haut mérite auquel une œuvre destinée au théâtre puisse atteindre. Dans les pièces de M. Dallière, il n'exclut, du reste, aucunement les autres. Il s'unit au contraire à de fortes et réelles qualités dramatiques. Peu de drames, même parmi ceux des maîtres de la scène, ont plus profondément remué les spectateurs qu'*André Chénier* et *Napoléon et Joséphine*, pour ne parler que de ses pièces représentées (2) ; il n'en est pas, croyons-nous, qui aient obtenu un plus grand succès d'attendrissement et de larmes.

(1) *Journal de Maine-et-Loire*, 9 mars 1887.

(2) *La Mission de Jeanne d'Arc* ne fut jouée qu'en 1888.

« Mais ces effets, M. Dallière ne les demande pas à la violence des passions déchaînées, à l'horreur des situations et des crimes; il les puise dans les sentiments les plus nobles et les plus élevés de l'âme humaine. Il ne prend des événements extérieurs que ce dont il a besoin pour mettre ces sentiments en jeu, et s'en embarrassant le moins possible, il place dans la conscience de l'homme l'action de sa pièce qui, pour cela, n'en est pas moins tragique. C'est par là qu'il demeure poète tout en devenant dramaturge, et que ses pièces, bien qu'elles soient animées d'un souffle puissant, sont empreintes d'un charme si pénétrant et si doux.

« L'action de ses drames est d'une simplicité extrême. Ce sont de véritables tragédies, et dans les deux premiers, les unités de temps et de lieu sont respectées aussi bien que l'unité d'intérêt et d'action. Mais ce sont des tragédies écrites comme des drames modernes. De la forme ancienne l'auteur n'a gardé que le moule extérieur. Il y coule avec un art infini, qu'on n'a pas assez remarqué, tant il est naturel, ni assez loué, des pensées et des sentiments tout nouveaux. Il sait être de son temps tout en demeurant fidèle à la tradition, et, parmi les modifications de la forme et du fond qui ont tout bouleversé en voulant tout transformer, il choisit avec un goût d'une sûreté parfaite et ne prend que ce qui doit subsister. Ses personnages sont ressemblants et vivants, et bien qu'ils parlent la langue châtiée du vers, ils n'expriment pas un sentiment qui ne soit à sa place dans leur bouche. Rien de convenu ou de banal ne dépare leurs paroles ou n'alanguit l'action. Ils se meuvent à travers le drame comme dans l'histoire, et les situations sont si bien amenées qu'elles semblent découler naturellement les unes des autres, et que l'action, tout en les conduisant au dénouement par une suite de péripéties savamment calculées, paraît leur laisser toute liberté de mouvements, et les suivre, non les guider dans la voie où leurs passions les entraînent. »

Poète, — c'est donc la note dominante du talent de Julien Dallière, et, comme chez tous les vrais poètes, le lyrisme reparaît dans toutes ses œuvres, ainsi qu'une source d'eau vive, dont on peut plus ou moins faire dévier le cours, modifier l'emploi et changer les aspects, mais qui garde toujours l'impétuosité et la limpidité de son premier jaillissement.

« Si M. Julien Dallière, a dit M. Charles Gidel (1), a une qualité, c'est assurément celle de l'enthousiasme et du transport de l'ode. Il en a les élans, les saillies, la démarche impétueuse, la forme, le creux et le moule. Nous commençons, dans tous les

(1) M. Charles Gidel, proviseur du Lycée Louis-le-Grand, docteur ès-lettres, lauréat de l'Académie française.

caprices de notre poésie contemporaine, à perdre un peu de vue les allures propres à cette espèce de poème. On a eu tant raison de se moquer du *beau désordre* de Boileau, du *pindarisme* et de ses excès, qu'on a fini par laisser tomber la forme la plus noble que puisse revêtir la pensée. Le tempérament lyrique, cette folie divine, ce qu'André Chénier appelait d'après Platon la *sainte manie*, M. Dallière est peut-être le seul qui l'ait encore, après les grands maîtres qui se taisent ou s'éteignent. On pourrait parfois demander à son vers plus d'originalité dans le style, plus d'invention dans les images, plus de nouveauté dans les rimes ; mais ce qui ne lui manque jamais, c'est la chaleur, l'élan et l'essor. « Quand une lecture, dit La Bruyère, vous « élève l'esprit et qu'elle vous inspire des senti- « ments nobles et courageux, ne cherchez pas une « autre règle pour juger de l'ouvrage ; il est bon et « fait de main d'ouvrier. »

C'est par cette pensée de La Bruyère que j'aime à terminer cette étude sur Julien Dallière. Parmi ceux qui auront lu les fragments poétiques recueillis dans ce livre, aucun probablement ne niera que de telles œuvres, dramatiques ou lyriques, sont de celles qui « élèvent l'esprit, » et « inspirent des sentiments nobles ; » aucun dès lors ne niera « qu'elles sont bonnes et faites de main d'ouvrier. »

Mais, ce jugement suffit-il complètement? Non; car

devant une œuvre d'art quelle qu'elle soit, et particulièrement devant une œuvre littéraire, il ne suffit pas de céder à un mouvement d'émotion ou d'admiration, il faut surtout préciser les causes mêmes de l'estime que nous accordons à cette œuvre qui saisit notre esprit et qui fait battre notre cœur.

Dans toute œuvre poétique, il y a deux éléments inséparables, mais cependant bien distincts, le sentiment et le style, qui en est l'expression.

Le sentiment élevé, ardent, pur, déborde dans les poésies dramatiques et lyriques de Julien Dallière : au théâtre, c'est l'émotion surtout qui lui a tenu lieu d'art, — ce qui, à vrai dire, est peut-être la plus complète manifestation de l'art lui-même. Quant à sa forme littéraire, — au style, — des réserves sembleraient peut-être nécessaires, si l'on oubliait une des règles les plus indispensables et les plus justes de la critique.

Quand on veut juger un artiste, peintre ou sculpteur, un homme de lettres, prosateur ou poète, il convient de se placer à une distance relative du temps où il a vécu et où son talent s'est manifesté.

La poésie, à une époque de transition, au milieu d'une révolution littéraire comme celle qui s'est produite depuis le commencement du XIXe siècle, ne saurait se partager en deux écoles absolument distinctes, — celle qui se rattache au genre classique du temps passé et celle qui s'est modifiée dans les transformations et les créations encore bien flottantes de l'école nouvelle.

En jugeant les poètes d'une pareille époque, même les plus grands, il faut prendre soin de les voir d'abord dans une certaine perspective, de les apprécier en tenant compte du goût, de la langue et des opinions ambiantes dont ils ont subi les influences multiples et successives : la part faite à ces éléments extérieurs, on peut tenter de préciser avec équité ce qui émane des éléments personnels qui étaient en eux.

Le style poétique de Julien Dallière appartient à l'ancienne école classique par un lien trop visible pour qu'il soit nécessaire d'insister sur ce point : mais on y voit aussi, avec pleine évidence, les attaches qui l'unissent à la brillante école littéraire de la Restauration, à laquelle il dut les premiers enthousiasmes de sa jeunesse.

Dallière est, dans l'art dramatique, le disciple de Casimir Delavigne : dans la poésie lyrique, il procède de Lamartine et de Victor Hugo, — jusqu'au Victor Hugo de *l'Ode à l'Arc de Triomphe* et de l'*Ode à la Colonne*, avec quelques hésitations pourtant.

Dès lors, il s'arrête : il a choisi sa forme, et il ne la changera pas. Peut-être, en cela ressemble-t-il un peu à ces hommes, qui ont adopté un costume dans leur jeunesse et ne consentent plus à le modifier, — quelquefois étonnant les passants par cette mise d'un autre temps ; mais, quelquefois aussi provoquant la sympathie par l'accord qui unit la persistance vitale de leur personnalité intime à un certain archaïsme de surface.

Victor Hugo, par la *Légende des siècles*, a créé une poétique nouvelle, dont il n'avait indiqué jusque-là que les tendances préliminaires : alors, sous sa puissante facture, le vers français a brisé son vieux moule sans rompre avec les lois de l'harmonie ; les hardiesses de l'enjambement, le déplacement audacieux de la césure, la richesse de la rime accrue le plus souvent par la sonorité de la consonne d'appui, le pittoresque de l'image cherché et trouvé dans le substantif lui-même plutôt que dans l'épithète, — tout cet art nouveau, ou, savamment renouvelé, nous a éblouis et souvent rendus injustes envers les procédés poétiques d'un autre temps où la poésie, pour se manifester sous d'autres formes, n'en était pas moins aussi la poésie toute entière avec son émotion, son harmonie et son éclat.

Dans l'enthousiasme causé par les admirables ressources du rythme transformé, certains esprits n'en sont-ils pas arrivés à traiter avec un aveugle et injurieux dédain les vers de Lamartine lui-même, sous prétexte que sa *facture* manque de ressources et que sa *rime* est à peine suffisante ?

Laissons de telles puérilités se produire, et durer

ce qu'elles dureront, c'est-à-dire infiniment moins que les œuvres auxquelles elles s'attaquent. Quant au poète, placé par la date de sa naissance et par la date de ses œuvres dans une de ces périodes où la langue du vers se transforme, ne lui demandons pas compte de ce qu'il a pris à tel ou tel système, ni dans quelle mesure il a été l'écho plus ou moins volontaire des vers qui se faisaient entendre autour de lui : mais, demandons-nous si sa pensée s'est traduite avec une spontanéité naturelle dans le style dont il se servait ; si l'inspiration, sous toutes ses formes, noblesse, grâce, pitié, amour, a vibré dans ses vers, si nous pouvons répondre : « oui ! » ne demandons rien de plus : et ce « oui ; » nous pouvons le prononcer hardiment en faveur de Julien Dallière.

Son nom a sa place, dans cette période de l'histoire littéraire, dont les poésies d'André Chénier marquent le début et qui s'arrête après les *Harmonies* de Lamartine : ce n'est pas la date strictement exacte de toutes ses œuvres ; mais, c'est leur date morale. Il faut placer Julien Dallière parmi les auteurs dramatiques aux alentours de Casimir Delavigne et de Ponsard ; parmi les lyriques, dans le groupe aimable et trop effacé des Turquetty, des Reboul, des Antoine de Latour ; pami les conteurs avec Viennet, qui eut l'esprit de sauver ses *tragédies* grâce à ses *fables*, et avec Ulric Guttinguer, dont les récits délicats sont à peine connus aujourd'hui de quelques lettrés, mais que tenaient en haute estime Alfred de Musset et Nodier.

Les concitoyens de Julien Dallière ont voulu honorer le souvenir d'un poète dont ils aimaient le talent et le caractère : ils ont donné son nom à l'une des rues de la ville d'Angers et ils ont placé son buste en bronze dans une des salles de leur Musée.

FIN

TABLE DES MATIÈRES

CHAPITRE IV

CHAPITRE V

CHAPITRE VI

ANGERS, IMPRIMERIE LACHÈSE ET DOLBEAU.

www.ingramcontent.com/pod-product-compliance
Ingram Content Group UK Ltd.
Pitfield, Milton Keynes, MK11 3LW, UK
UKHW020548180726
13838UKWH00001B/101

9 782329 379586